금융전문가가
알려주는

MZ세대
재테크
전략

금융전문가가 알려주는

MZ세대 재테크 전략

초판 1쇄 발행 2022년 4월 5일
2쇄 발행 2022년 4월 15일

지 은 이 박영섭
발 행 인 권선복
편   집 권보송
디 자 인 김소영
전 자 책 오지영
마 케 팅 권보송
발 행 처 도서출판 행복에너지
출판등록 제315-2011-000035호
주   소 (157-010) 서울특별시 강서구 화곡로 232
전   화 0505-613-6133
팩   스 0303-0799-1560
홈페이지 www.happybook.or.kr
이 메 일 ksbdata@daum.net

값 17,000원

ISBN 979-11-5602-275-6 (03320)

도서출판 행복에너지는 독자 여러분의 아이디어와 원고 투고를 기다립니다. 책으로 만들기를 원하는 콘텐츠가 있으신 분은 이메일이나 홈페이지를 통해 간단한 기획서와 기획의도, 연락처 등을 보내주십시오. 행복에너지의 문은 언제나 활짝 열려 있습니다.

'영끌'로 '파이어족'을 노리는
이 시대의 필독서!!

금융전문가가
알려주는

MZ세대
재테크
전략

박영섭 지음

도서
출판 행복에너지

가장 소중한 친구이자 사랑하는 아내 정인숙과
멋진 나의 아들 도겸에게 바칩니다.

김기동(前 부산지검장/現 변호사)

　본인은 2014년 11월 130명이 넘는 인력으로 구성된 '방위사업 비리 정부합동수사단'의 단장을 맡게 되었고 저자는 금감원 소속 수석조사역으로 수사단에 파견을 나오게 되면서 본인과 인연을 맺게 되었습니다. 그때부터 약 2년 6개월간 합동수사단의 일원으로서 헌신적으로 일하시는 모습을 제가 옆에서 지켜보았습니다.

　저자는 방위사업과 관련된 언론 동향 등 각종 정보를 수집, 분석하는 업무를 맡았는데 빈틈없이 그 일을 처리하여 수사단 내에서 칭송이 자자하였습니다. 성실함과 치밀함이 돋보였던 분입니다. 저자의 위와 같은 정보분석력과 25년간의 금융전문가로서의 경험이 보태진 이 책은 MZ세대 젊은이들이 경제적 자유를 찾아가는 데 정확한 나침반이 되어줄 것으로 저는 확신합니다.

조성목(서민금융연구원 원장)

"뿌리 깊은 나무는 바람에 아니 흔들리므로 꽃이 좋고 열매가 많다."라는 말이 있습니다. 금융과 재테크에 있어서도 뿌리를 다지는 것은 예상치 못한 위기를 극복하는 데에 무엇보다 중요합니다. 순간의 실수로 흘려보내기는 쉽지만, 다시 벌기는 쉽지 않은 것이 돈의 속성이기 때문입니다.

이 책『금융전문가가 알려주는 MZ세대 재테크 전략』은 그 어느 세대보다 투자와 재테크를 통해 경제적 자유를 얻기 위해 분투하는 MZ세대에게 오랫동안 현장에서 활동해 온 금융전문가의 시선으로 투자의 '기술'보다 중요한 '기본'을 전달하고 있는 책입니다. 이 책에서 소개된 것처럼, 확실한 금융지식과 올바른 경제 관념을 토대로 내 돈을 잘 관리한다면 흔들리지 않는 경제적 자유를 얻을 수 있을 것이라고 확신합니다.

MZ세대 여러분 파이팅!!

유광열(前 금융감독원 수석부원장

/現 서울보증보험 대표이사 사장)

돈에 대한 관심이 그 어느 때보다 뜨겁다.

부동산 가격 폭등, 고용불안, 각자도생의 시대를 살아가는, 테크(Tech)에 익숙한 MZ세대에게 재테크(財 Tech)는 이제 필수 스펙이 되었다. 25년간 금융감독원에서 금융교육 전문가로 근무한 저자는 묻지 마 식 투자의 위험성과 재테크에 대한 올바른 가치관, 재테크 정보와 전략 등 다양한 조언을 이 책에서 제시하고 있다. MZ세대의 성투(성공적 투자)를 빈다.

조관일(前 대한석탄공사 사장

/現 창의경영연구소 대표/경제학박사)

요즘 MZ세대에게 '파이어(FIRE)족'이 꿈이다. 조기에 경제적 독립(Financial Independence)과 자유를 얻기를 소망한다. 그럼 어떻게 그 꿈을 이룰 것인가? 현직 금융감독원의 금융전문가인 저자가 현실적인 여러 방법들을 상세히 제시한다. 때로는 따끔한 충고와 함께. 아무쪼록 이 책을 통해 재테크 전략을 한 수 배우고 그럼으로써 경제적 독립과 자유를 얻기 바란다. MZ세대는 물론 아직 준비가 덜 된 기성세대도 일독을 권한다.

김병수(前 EBS 방송제작본부장/現 EBS PD)

최근 몇 년간 계속된 자산가격의 폭등으로 희망을 뺏겨버린 채 '영끌'과 '빚투'로 재테크에 열광하고 있는 MZ세대. 이들 MZ세대가 필요한 금융 지식을 기반으로 무너지지 않는 경제적 자유를 누릴 수 있도록 돕고 싶다는 선배이자 금융전문가인 저자의 진정성 있는 메시지는 이들의 재테크 전략에 훌륭한 나침반이 될 것으로 보인다.

강래경((사)한국강사협회 부회장)

MZ의 '영끌'이 '영~글'러 버린 꿈이 되어서는 안 된다. 욕망에 불을 지핀 것이 기성세대라면 MZ의 미래가 제대로 '영글' 수 있도록 도와줘야 할 책임도 있다. 그래서 베이비부머 금융전문가가 MZ들에게 경제적 자유를 선물하려고 나섰다. 금융 지식은 물론이고, 잘못을 탓하기보다 잘되기를 바라는 인생 선배의 마음이 곳곳에서 느껴진다. 때문에 조기 은퇴를 꿈꾸는 FIRE(Financial Independence, Retire Early)족뿐만 아니라 자녀들의 길잡이가 되어야 할 기성세대까지 돈의 흐름을 알 수 있는 책이다.

정신동(KB저축은행 상근감사/경제학박사)

재산형성을 위해 근로소득에만 의존할 수 없고 자산투자를 반드시 해야만 하는 시대가 도래했다. MZ세대의 투자에 대한 관심은 뜨겁지만, 현실은 녹록지 않다. 글로벌화된 금융시장에서 자산가격의 불확실성과 변동성이 극도로 높은 데다 가상화폐, NFT 등 새롭게 등장한 투자수단에 대한 이해도 어렵다. 성공적인 투자는 경제적 자유를 가져다주지만, 한순간 탐욕에 휘둘린 투기 실패는 헤어나기 힘든 부채의 늪으로 빠져들게 한다. MZ세대는 성공으로 이끄는 현명하고도 절제된 투자습관을 몸에 익히는 것이 무엇보다 절실하다.

저자는 금융감독원에서 25년간 근무하며 강의와 저술을 통해 금융교육 전문가로서 활동해왔다. 이 책에서 저자는 풍부한 금융 지식과 생생한 사례를 활용하여 MZ세대의 성공적인 재테크를 위한 비법을 공개한다. 이 책을 읽는 MZ세대는 '제발 공부 좀 하고 투자하라'로 시작하는 저자의 비법을 익혀 무너지지 않는 경제적 자유를 얻기 바란다. MZ세대에 금융 지식을 전달하고자 하는 저자의 열정에 경의를 표한다.

서일정(성공사관학교 총장

/고려대 명강사최고위과정 운영 대표강사)

젊은 세대에게 지금 필요한 것은 위로보다는 그들에게 제대로 알려주는 MZ세대 재테크 전략입니다. 이러한 전략이 필요한 시기에 금융감독원에서 25년 재직하면서 11개 자격증을 획득하였으며 금융회사에 대한 감독과 검사 전문가로서 현장경험이 풍부한 박영섭 박사의 저서를 강추합니다.

따뜻하고 친절한 MZ세대 전문가의 통찰력 있는 MZ세대를 위한 재테크 전략을 통해 세상을 제대로 이해하고 핵심을 파악하여 지혜로운 지식과 정보를 내 것으로 만드는 기회를 잡기를 권합니다.

윤현경(중앙사이버평생교육원 운영교수)

　이 책은 초저금리 시대에 욜로족 대신 파
이어족을 선택하고 재테크로 맞서는 MZ세
대에게 매우 유익한 책이다. 투자 광풍에 속절없이 휩쓸리지
않고, 금융전문가 선배의 조언에 귀 기울여 경제적 자유를 성
취하기 바란다. MZ세대를 살고 있는 두 딸에게 꼭 추천해 주고
싶다.

김진기(한국항공대 경영학부 교수/경영학박사)

　20·30세대들의 주식에 대한 관심이 뜨겁
다. 동학 개미 운동으로 표현되는 적극적인 우리 기업들의 주
식보유 운동은 전 세계가 하나의 시장으로 되어 작동하는 현재
의 글로벌 금융환경에서 큰 의미가 있다고 할 수 있다. 20·30
세대들의 이러한 주식시장의 열기가 자칫 예전에 단기적인 매
매차익만을 노리는 투기성 투자로 흘러가지 않을까 하는 우려
도 있다. 자본시장에 대한 이해와 함께 장기적인 관점에서 주
식 투자를 유도하는 것이 필요한 이 시점에 젊은 세대들에게 건

전한 주식 투자를 소개하는 책이 나오게 되어 대학에서 경영학을 강의하는 교육자로서 무척이나 반갑고, 감사하다.

이전까지 사실 우리나라는 젊은 세대가 자본시장에 관한 관심을 두는 것을 다소 금기시해왔다. 이는 자본시장이 장기적인 투자가 아니라 단기적인 투기의 장으로 인식되어 왔기 때문이다. 하지만 최근에 MZ세대로 대변되는 젊은 세대들은 예전보다는 긍정적인 생각으로 단기적 매매차익보다는 장기적 관점에서 회사의 내재적 가치를 파악하고 투자를 통해 자신의 재정적 이익도 추구하는 건전한 방향으로의 투자 성향들이 나타나고 있어서 매우 긍정적인 현상이라고 생각한다.

흔히 유대인들은 자녀들에게 고기를 잡아서 주는 것보다 고기 잡는 방법을 교육한다고 알려져 왔고, 주요 선진국들에서는 어려서부터 경제 관념을 갖기 위해 다양한 교육들이 이루어지고 있다. 그에 비해 우리는 경제교육을 다소 등한시해왔다. 어려서 경제적 관점의 교육이 이루어지지 않았기 때문에 성인이 되어서 일정 정도 자산이 생겼을 때 이를 합리적으로 관리하는 방법을 제대로 알지 못하고, 소문이나 주변인들의 권유로 투자를 했다가 큰 재산상의 손해를 보는 경우들이 많이 나타났다.

지금은 젊은 세대들의 이러한 자본시장에 관한 관심과 학습하고자 하는 의지 등으로 더 긍정적인 투자가 이루어지고 있는 것으로 생각된다. 이러한 시점에 이 책은 MZ세대들에게 보다 적절한 투자 방법과 전략을 소개함으로써 합리적인 투자의사 결정을 하는 데 큰 도움이 될 것으로 기대한다. 자본시장 역시 소수의 자본가에 의해 움직이는 것이 아니라 다수의 주주가 합리적인 투자의사 결정에 따라 운영됨으로써 보다 건전하게 그리고 장기적 안목에서 운영될 수 있으리라 생각한다.

　이 책이 자본시장으로 입문하는 MZ세대들이 보다 건전하고 합리적인 투자의사 결정을 하는 데 길라잡이가 될 수 있다고 확신하고 또 기대해 본다.

우리는 경쟁의 시대에 살고 있다. 경쟁에서 이기기 위해 우리는 부단히 노력해야 한다. 태어나서는 좋은 어린이집과 유치원에 다녀야 하고, 학교에 입학하면 좋은 학교와 학원에 다녀야 한다. 대학에 입학해서는 좋은 회사에 들어가기 위해 최선을 다해야 하고 회사에 취업한 이후에는 자기계발도 열심히 해야 승진도 하면서 경쟁에서 살아남게 된다.

그런데 여기서 잠깐!!
이러한 과정에서 무엇인가 빠진 것 같고 허전하지 않은가?

'남들이 하니까 나도 한다? 부모님이 시켜서 등 떠밀려서 한다?' 만약 이러한 과정을 자기 주도적으로 해 온 것이라면 금상첨화이지만 아마도 대부분의 사람들은 그러지 못했을 것이다.

긍정적인 자세로 자기 주도적인 삶을 영위한 사람이 나중에 성공할 확률이 높다.

> "긍정적인 마음가짐은 영혼을 살찌우는 보약이다. 이러한 마음가짐은 우리에게 부, 성공, 즐거움과 건강을 가져다준다."
>
> -나폴레온 힐-

　이 글을 쓰고 있는 필자도 큰 목적의식 없이 학창시절을 보낸 것으로 기억한다. 어린 시절 선친께서 근무하셨던 회사(현대중공업)가 있는 울산에서 살았고 그곳에서 현대고등학교를 제1회로 졸업하고 1년 후 대학에 진학하면서 서울에서 살게 되었다. 그저 남들처럼 앞만 보고 달려왔다. 돌이켜 보면, 큰 꿈과 비전을 마음속에 간직하였더라면 지금의 나는 어떤 모습일까? 라고 생각해 본다.

　꿈을 영어로는 희망(hope)이라고도 한다. 우리가 꿈을 꾸어야 하는 이유는 바로 희망 때문이다. 꿈은 인생을 살아가는 나침반이다. 죽은 자에게는 나침반이 더 이상 필요하지 않지만 살아 있는 자에게는 반드시 지녀야 할 필수품이다. 꿈이 제시하는 목적지에 도달하기 위해서는 늘 올바른 방향으로 가고 있는 가에 대한 검증과 확신이 필요하다. 인생의 나침반을 가지고 있는 사람은 목적지로 가는 궤도를 벗어날 때마다 방향을 찾고 정상적인 궤도를 유지할 수 있다. 오랫동안 금융회사에 대한 감독·검사업무와 금융교육을 담당한 필자는 MZ세대들에게 재테크 전략이라는 나침반을 만들어 주고 싶었다. 그러한 필자의 작은 꿈을 실현하기 위해 이 책을 쓰게 되었다.

이 책은 총 5장으로 구성되어 있다. 제1장에서는 MZ세대가 누구인지, 그들은 왜 재테크에 열광하는지 그 이유를 각종 데이터와 분석자료를 활용해서 설명했다. 제2장에서는 MZ세대가 하고 있는 재테크 전략의 허와 실을 금융전문가 입장에서 분석해보았다. 막연한 기대와 희망이 얼마나 치명적인 결과를 초래하는지, 성공 확률을 높이려면 어떻게 해야 하는지에 대해 이야기하고 있다. 제3장에서는 30년 가까이 금융전문가로서 살아온 필자의 입장에서 꼰대라는 비판을 들을지언정 진심 어린 쓴소리를 하고 싶었다. 핵심은 사회 현상을 읽지도 못하면서 무모하게 도전하면 참담한 실패만 되풀이할 뿐임을 강조하고 있다. 그래서 사회 현상을 읽어내는 방법을 구체적으로 제시하였으니 꼭 실천해보기 바란다. 제4장에서는 기본적인 금융 지식도 모르고 투자부터 생각하는 충동성에 대해 경고하는 내용을 담았다. 재테크의 기본과 실전, 그리고 투자에 꼭 필요한 지식과 실전 투자법에 대한 궁금증을 풀 수 있는 장이다. 마지막으로 제5장에서는 20~30대에 재테크 전략을 세우면 인생이 달라진다는 내용으로 나만의 포트폴리오를 작성하는 방법과 경제 관념을 인생 가치관과 연결해야 하는 이유에 대해 설명하고 있다. 그리고 초보 투자자에게 꼭 필요한 '재테크에 도움 되는 정보 찾는 법'을 실었다. 정보의 홍수 시대에 길잡이가 될 수 있으리라고 생각된다.

나는 『MZ세대 재테크 전략』 책을 통해 이루고 싶은 작은 꿈이 있다. 우리의 미래를 이끌어갈 MZ세대가 경제생활에 필요한 금융 지식을 기반으로 절대 무너지지 않는 경제적 자유라는 꿈을 이룰 수 있도록 돕고 싶다. 금융초보자들이 금융에 대한 가치관을 올바르게 정립하고 안전한 투자를 하는 데 도움이 될 수 있기를 바라며, 이 책이 MZ세대에게 금융 지도와 투자의 나침반이 되어주길 바란다.

> "만약 당신이 꿈을 꿀 수 있다면, 그것을 이룰 수 있다. 언제나 기억하라. 이 모든 것들이 하나의 꿈과 한 마리의 쥐로 시작되었다는 것을."
>
> -월트 디즈니-

　작은 도전들이 모여서 큰 성공을 이루듯이 MZ세대의 도전과 성공에 작은 보탬이 되기를 바란다. 끝으로 이 책이 나오기까지 많은 도움을 주신 분들과 늘 응원해주고 든든한 버팀목이 되어주는 사랑하는 아내에게 감사의 마음을 전한다.

– 박영섭

MZ세대!
그들은 왜 재테크에 열광하는가?

PART 1

MZ세대
재테크 전략의 허와 실

PART 2

금융전문가의 쓴소리,
사회 현상부터 읽어라!

PART 3

재테크의 기본과 실전, 이것만 알면 경제적 자유가 보인다

PART 4

20~30대의 재테크 전략이 인생을 좌우한다

PART 5

INVESTMENT TECHNIQUES

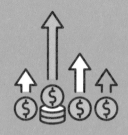

MZ세대!
그들은 왜 재테크에
열광하는가?

MZ세대
그들은 누구인가?

"홍길동 씨, 신입사원이 늦게 출근하면 되나요? 업무 시작이 9시면 최소한 8시 30분까지는 출근해야 하지 않을까요?"

"과장님, 출근 시간이 9시까지인데 왜 8시 30분까지 와야 하죠? 그럼 퇴근 시간이 6시면 5시 30분에 미리 퇴근해도 되나요?"

요즘 신입사원들은 당당하다. 그들은 출근 시간도 정확하게 지키면서 칼퇴근을 원한다. 다른 사람의 눈치보다 자신의 소신을 정확하게 믿는 성향이 강하다. 조직보다는 개인의 행복을 우선시하고 경쟁에 따른 공정과 정당한 보상체계를 중시한다. 그래서 30분 일찍 출근하는 것이 부당하다고 생각하는 것이다. 그들이 중심에 서 있는 세대를 'MZ세대'라고 부른다. 'M'은 '밀레니얼 세대'를 말하는데 1980년대 초부터 2000년대 초까지 태어난 세대이다. 'Z'는 1995~2010년 초반에 출생한 세대를 말한다. 이 두 세대를 합쳐서 'MZ세대'라고 부른다. 행정안전부 통계에 의하면 2021년 7월 기준, MZ세대를 만 19세에서 만 41세로 보면 총인구수 5,167만 명 중 MZ세대는 1,570만 명으로 전체 인구의 30.4%를 차지하고 있다.

MZ세대는 어떤 특징을 가지고 있을까? 〈삼성전자 뉴스룸〉이라는 유튜브 채널에서 MZ세대 20명에게 스마트폰의 기능에 대해 설문을 했다.

> 질문: "스마트폰에서 단 하나의 기능만 남긴다면?"
> ① 전화, 메시지만 가능
> ② 인터넷 검색만 가능
> ③ SNS 업로드, 댓글 참여만 가능

여러분은 어떤 선택을 할 것인가? 아니 어떤 결과를 예측할 수 있을 것인가?

결과는 ① 전화, 메시지만 가능(50%), ③ SNS 업로드, 댓글 참여만 가능⁽⁴⁰%⁾, ② 인터넷 검색만 가능⁽¹⁰%⁾ 순으로 나왔다. MZ 세대는 스마트폰에 전화나 메시지 전송의 수단뿐만 아니라 인터넷 검색과 SNS 업로드 등 소셜 네트워크의 수단으로도 50%의 가중치를 부여하고 있다. 디지털 환경에 친숙한 그들만의 특징을 잘 보여주는 결과이다. 지금부터는 MZ세대를 금융의 관점으로 바라보며 그들의 세계를 조금 더 파헤쳐 보자.

최근 MZ세대는 소비의 중심이자 유행을 선도하는 세대로서 소비시장의 주요 고객층으로 떠오르고 있다. 이들은 최신 트렌드에 민감하며 새롭고 이색적인 경험과 재미를 추구한다. 자신의 소비를 다양한 소셜 미디어를 통해 공유하는 특징을 지닌다. 이 외에도 이들의 특징을 몇 가지 정도 부연하면 다음과 같다.

첫째, 다양성을 인정한다. 타인의 취향을 존중하고 각자의 삶의 방식을 인정한다. 둘째, 환경과 윤리적 가치를 중요하게 생각한다. 지속가능성이 화두가 되는 요즘, MZ세대는 가치 있는 소비, 윤리적인 소비를 지향한다. 셋째로 그들은 자기중심적 소비를 한다. 자기 개성이 강하고 자신을 가꾸고 챙길 줄 아는 MZ세대는 '자신만의 삶의 스타일'을 추구한다.

'MZ세대'는 금융산업의 판도 뒤흔들고 있다. 이들은 아직 자산과 소득이 적지만 과감한 레버리지(대출)로 소비와 투자에 적극적이다. '영끌(영혼을 끌어모은) 대출'로 주식과 암호화폐 상승장을 주도하기도 했다. MZ세대가 주로 이용하는 카카오뱅크, 토스, 네이버페이, 카카오페이와 같은 금융플랫폼업체 3~4개가 데카콘 기업(기업가치 100억 달러 이상 비상장사)으로 성장했다. 2021년 6월 말 현재 카카오페이와 네이버페이(네이버 파이낸셜)의 가치도 10조 원을 넘어섰다는 평가다. 이들 '빅4'의 기업가치는 50조 원을 훌쩍 웃돈다. KB, 신한, 하나, 우리금융 등 4대 금융지주의 시가총액 합계 62조 원에 버금간다.

다음은 세대의 관점에서 세계적인 금융 현상의 특징과 변화를 통찰해보자.

우리가 사는 세대를 크게 베이비붐 세대(1950~60년대 출생), X세대(1970~1980년 출생), Y세대(1980년대~1990년대 출생), Z세대(2000년 이후 출생)로 구분할 수 있다. 2020년까지 MZ세대(15~40세)는 세계 인구의 33%를 차지했다. 그러나 앞으로 베이비붐 세대 비중이 줄어드는 점을 고려하면 2040년에는 50% 이상을 차지할 것이라는 전망이다. 모건스탠리는 미국 인구의 4분의 1을 차지하는 Z세대(1996~2010년 사이에 출생한 7800만 명)가 오는 2034년께 미 역사상 가장 수가 많은 세대로 등극한다고 분석했다.

대출, 소비 등 금융업 전반에서 막대한 비중을 차지할 것이라는 예측이다. 이는 우리나라도 마찬가지다.

베이비붐 세대로부터 부의 이전이 시작되는 것도 MZ세대에 금융사들이 주목할 수밖에 없는 이유 중 하나다. 전후에 태어난 베이비붐 세대는 현재 세계적으로 가장 많은 부를 소유하고 있는 계층이다. 그러나 이들의 노화와 사망 등에 따라 자산이 MZ세대로 향후 20년간 이전될 전망이다. 미국에서는 5년마다 1조 3000억 달러가량의 자산이 자녀 세대로 옮겨간다. 베이비붐 세대 사망이 늘어나기 시작하는 2036~2040년에는 자산 이전 속도가 지금보다 두 배가량 빨라질 것이라는 게 전문가들의 예상이다.

금융산업 조사·컨설팅 회사인 셀룰리어소시에이션에 따르면 MZ세대는 2042년까지 약 22조 달러를 상속받을 전망이다. 국제금융센터의 'MZ세대가 기대하는 금융의 모습' 보고서를 보면 이들 세대의 금융 영향력은 눈에 띄게 커지고 있다. 기저에는 MZ세대의 특수한 금융 생활 패턴과 경제력 집중 현상이 있다는 설명이다. 이들의 금융 특성은 재테크·금융서비스에 대한 높은 관심도, 다양한 투자 방식 리드, 투자정보 취득의 다양화 등 세 가지다. 유튜브, SNS 등으로 정보를 다양하게 습득하고 전형적인 금융상품에 얽매이지 않으며 재테크와 금융 서비스에 높은 관심을 두고 있다는 설명이다. 이 같은 특성을 지닌 세대가 더 많은 경제력을 거머쥘 경우에 대비하지 않을 수 없다고 분석한다.

마지막으로 국내 상황이 MZ세대에 미친 영향을 살펴보면 그들을 이해하는 데 도움이 될 것이다. 지난 30여 년간 우리나라에는 크나큰 금융위기가 두 차례 있었다. 첫 번째가 1997년 말의 IMF 외환위기이다. 우리나라는 IMF 외환위기를 잘 극복해 냈지만, 후유증도 만만치 않았다. 많은 회사가 문을 닫았고 우수한 기업들이 헐값에 외국 자본가들의 손으로 넘어갔다. 그에 따라 실업자도 많이 늘어났다. 또한, 노동자의 해고가 쉬워지고 정규직 대신 비정규직 노동자가 크게 늘어나 고용이 불안정해졌다.

두 번째는 2008년 글로벌 금융위기이다. 2008년 9월 리먼 브러더스의 파산으로 표면화된 미국발 금융위기가 전 세계로 확산되면서 세계 경제는 대공황 이후 최악의 경제 침체를 경험하게 되었다. 미국발 금융위기 사태는 당시 상승 국면에 있던 우리나라 경제에도 위기를 가져왔다. 이러한 위기는 사회 전반적으로 파급효과가 컸다.

이러한 두 차례의 위기는 그 당시 청소년기에 속했던 MZ세대에게도 적지 않은 영향을 주었다. 부모의 경제적 어려움 등으로 인해 MZ세대는 처음부터 살아가기 힘든 사회에 내던져진 것이다.

앞에서 말했듯이, MZ세대는 다양성을 인정하면서, 변화에 유연하고 새롭고 이색적인 것을 추구하며, 자신이 좋아하는 것에 쓰는 돈이나 시간을 아끼지 않는 자기중심적인 소비를 하는 특징이 있다. 이러한 MZ세대의 특징은 그들의 가치관이 형성되는 청소년기를 두 차례의 국내외 금융위기를 겪으며 힘들게 보내면서 자연스럽게 형성되었다.

나는 금융감독원에서 25년간 국가 금융, 세계 금융의 전문가로서 일해왔다. MZ세대를 포용하는 관점과 동시대를 함께 살아가는 선배로서 나의 금융 지식을 전해주고 싶다. 우리의 미래를 이끌어갈 MZ세대가 경제생활에 필요한 금융 지식을 기반으로 절대 무너지지 않는 경제적 자유를 누릴 수 있도록 돕고 싶다. 그것이 금융인으로서 나의 마지막 소임이라고 생각한다.

좋은 글: 인생의 두 가지 규칙!

인생에는 두 가지 규칙이 있다.

첫째, 절대 포기하지 말 것!
둘째, 첫 번째 규칙을 항상 명심할 것!

– 듀크 엘링턴 –

※ 2019년 여름, 검사 출장 갔던 충남 금산군에 있는 단위농협 화장실에 걸린 원목액
자에 적힌 글귀(인생의 두 가지 규칙!)가 필자에게는 신선한 충격이었습니다.

MZ세대가
재테크에 열광하는 이유

"'MZ세대'는 부모보다 못사는 최초의 세대라고 합니다. 이들은 정상적으로 돈을 벌어서는 결혼을 하고 자녀를 가질 수 없다고 생각합니다. 코인에 영끌하는 이유라고도 하는데요…."

"요즘, 이 주식 좋지 말입니다."

MZ세대에 대한 뉴스는 기성세대가 이해해야 할 숙제가 되어버린 듯하다. 뉴스에서는 연일 MZ세대의 '영끌('영혼까지 끌어모으다'의 줄임말)'에 대한 이야기, 심지어 군 내무반에서조차 주식 이야기가 주요 화젯거리가 되고 있다.

MZ세대가 이처럼 재테크에 대해 관심을 가지는 현상은 우리 사회 곳곳에서 나타나고 있다. 회사 휴식 공간에서도, 카페에서도, 어딜 가더라도 투자 이야기를 하느라 시간 가는 줄 모른다. '누구는 가상화폐 투자로 50억 원을 벌어서 강남의 아파트를 샀데', '누구는 작년에 주식 열풍이 불었을 때 몇천만 원을 벌었다던데', '누구는 부동산 갭투자로 1년 만에 1억 5천만 원을 벌었다고 하던데'…. 서점을 가더라도 재테크 코너에는 항상 사람들이 많이 몰려있다.

이들은 왜 재테크에 이렇게까지 열광할까?

베이비붐 세대는 평생직장 개념으로 열심히 일하고 부지런히 은행에 적금을 들면 내 집 마련을 할 수 있었다. X세대는 청약통장과 저축, 대출과 주식으로 힘들게 내 집 마련의 꿈을 이룰 수 있었다. MZ세대의 현실은 기성세대 방식으로는 절대 생애 내 집 마련이 불가능하다. 월급 350만 원을 받는 청년이 매달 200만 원씩 저축해서 강남에 아파트를 사려면 100년이 걸린다. 부동산 가격은 계속 상승하고 노동만으로는 내 집 마련이 불가능하다고 생각해보자. 그럼 여러분은 어떤 선택을 할 것인가? MZ세대가 선택할 수 있는 방법은 단순한 일확천금이 아니라 계산된 확률게임을 하는 것이다. 주식을 게임 하듯이 즐기며, 공격적인 투자, 영끌로 경제적 자유를 얻으려고 한다.

기성세대의 경제 관념과 전혀 다른 새로운 출구전략을 찾는 것이다.

MZ세대의 재테크 열풍은 어떤 모습으로 진행되고 있을까? MZ세대의 재테크 현상을 한마디로 정리하면 '다양한 분야까지 재테크 수단을 확장했다'라는 것이다. 베이비붐 세대나 X세대의 재테크 수단이 주로 주식, 부동산 위주였다면, MZ세대는 주식, 부동산, 가상화폐, 아트테크, '리셀 재테크' 등 훨씬 더 다양해 졌다.

주식의 경우 군 복무 기간에도 스마트폰으로 거래한다. KB 증권의 발표에 따르면 2020년 상반기 신규계좌가 2019년 동기와 비교해 63.9% 증가했는데, 이 가운데 20·30세대의 비율이 56%에 달한다고 한다. 코로나19로 비대면 문화와 사회적 거리 두기, 채용시장의 감소 등은 20·30세대가 주식시장에 몰리게 만드는 데 한몫했을 것이다.

최근에는 이른바 '영끌'족으로 불리는 부동산 투자자도 늘고 있다. 특히 서울 아파트에 대한 투자가 크게 늘었다. MZ세대가 무슨 돈이 있어서 서울 아파트에 투자했을까?

금융감독원에 의하면 '최근 3년여간 5대 시중은행 신규 신용대출 현황'에 따르면 지난 2017년부터 2020년 8월까지 신규 신용대출 141조 9000억 원 중 47조 2000억 원(33%)을 30대가 빌렸다고 한다, 20대는 14조 2000억 원(10.0%)의 신용대출을 받았다. 이른바 영혼까지 끌어모아서 서울 아파트에 투자하는 것이다. 차후 본론에서 알려주겠지만 이런 방법은 금융전문가들이 보는 견해에서는 상당히 위험한 투자 방법이다.

전통적인 투자 방식인 주식과 부동산 외에 2030 세대의 주요 재테크 중 하나는 가상화폐 투자다. 최근에는 주식에서 자금을 빼내어 비트코인 등의 가상화폐에 투자하는 젊은이들이 크게 늘고 있다.

다음은 새로운 투자 방식인 아트테크다. 아트테크란 아트와 재테크의 합성어로 미술품, 전시, 음악저작권 등에 투자하는 새로운 투자 방식이다. 그동안 부유층의 전유물로 여겨졌던 미술품 등 아트테크가 20·30세대의 새로운 재테크 수단으로 떠오르고 있다. '유명 예술가들의 작품을 1만 원도 안 되는 금액부터 구매하고 추가수익도 올리세요' 아트테크 플랫폼들이 홍보하는 방식이다.

윤성욱 '펀더풀' 대표는 "자신만의 가치와 취향 추구를 중시하는 MZ세대가 미술품 판매와 전시 시장에 큰손으로 떠오르고 있다"라면서 "자금의 부담을 줄이기 위해 공동투자 방식의 플랫폼을 이용하고 좋아하는 것에 투자해 승률을 높이는 것 역시 MZ세대와 잘 맞아 앞으로도 인기는 지속될 것"이라고 내다봤다.

마지막으로, 기성세대는 상상할 수 없는 재테크 방식이 있는데 바로 '리셀(resell) 재테크'라는 것이다. 영문 뜻처럼 '다시 파는 것'을 말한다. 새 제품을 샀다가 중고제품으로 다시 파는 방식이다. 예를 들어. 한정판으로 나온 운동화를 웃돈을 얹어 팔아 차익을 남기는 방식이 있는데 이를 '스니커테크'(스니커즈+재테크)라고도 한다. 이런 방식이 젊은 층에게 재테크 수단으로 각광 받는 것은 가격부담이 다른 투자에 비해 적기 때문이다. 주식이나 가상화폐에 비해 스니커테크는 10만 원 정도부터 가능하기 때문에 큰 종잣돈이 필요하지 않다.

현재 50~60대에 해당하는 베이비붐 세대들은 경제 호황과 저축을 통해 내 집 마련에 성공한 세대다. 반면 현재 20~30대는 집값이 너무 오른 상태라 대출 혹은 상속이나 증여가 아니고는 주택 마련이 어렵다. 최근 몇 년간 계속된 부동산을 포함한 자산가격의 폭등은 MZ세대에게 '희망'이라는 것을 빼앗아가 버린 것이다. 이제는 도무지 일해서 '내 집 마련'을 하겠다는 발상은 통하지 않는다. 이처럼 현실은 만족스럽지 않고, 노후 대비까지 해야 하는 미래는 불안하고, 자산가격은 미친 듯이 오르고, 언제까지 일할 수 있을지 장담할 수 없는 세상이 되었다. 그래서 너도나도 주식, 부동산, 가상화폐, 미술품, 유명 운동화 등의 투자에 뛰어들게 되었을 것이다. 성공만 하면 평생 경제적으로 자유로워질 수 있기 때문이다. 애초에 불가능한 미래보다는 비교적 적은 금액으로 시작할 수 있고 큰돈을 벌 수 있는 주식이나 가상화폐 등 다양한 재테크에 몰리기 시작한 것이다. 젊은 MZ세대가 투자에 열광하는 이유는 어찌 보면 당연해 보인다.

좋은 글: 인생을 바꾸는 비법

인생을 바꾸고 싶다면
세 가지 버릇을 바꿔라

첫째는 마음 버릇이다
부정적인 생각은 버리고
항상 긍정적으로 생각하라

둘째는 말버릇이다
비난과 불평을 삼가고
칭찬과 감사를 입버릇으로 만들어라

셋째는 몸 버릇이다
찌푸린 얼굴보다는 활짝 웃는 사람,
맥없는 사람보다는
당당한 사람이 성공한다.

운명을 바꾸고 싶다면
독서와 교육, 그리고 훈련을 통해
마음 버릇, 말버릇, 몸 버릇을 바꿔라

성공도 버릇이요, 실패도 버릇이다.

– '비상' 중 –

글 출처 : 카카오스토리 – 마음 반창고 좋은 글

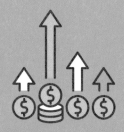

PART 2

MZ세대
재테크 전략의
허와 실

MZ세대 재테크의 현실

"마이너스 4천 5백만 원 손해 대처법을 공개합니다. 저는 9천만 원을 투자해서 마이너스 4천 5백만 원을 찍었습니다. 10~20% 손실권에서는 안절부절 일도 손에 안 잡히고 우울했는데 저는 방

-4500 손해 대처법 공개

 ***) 🗨 재밌
2018.01.16. 20:46 조회 1,158

9천 투자해서 -4500찍었습니다

10~20% 손실권에서는 안절부절 일도 안잡히고 우울했는데

저는 방금 생각을 바꿨습니다.

나는 지금 음주운전을 했고
6천만원짜리 자동차를 폐차 했습니다
음주라 자동차 보상금은 못받네요
다행스럽게 인명피해는 없어서 목숨은 건졌네요^^
하늘이 도왔어요^^

금 생각을 바꿨습니다. 나는 지금 음주운전을 했고 6천만 원짜리 자동차를 폐차했습니다. 음주라 자동차 보상금은 못 받네

요. 다행스럽게 인명피해는 없어서 목숨은 건졌네요. 하늘이 도왔어요."

이 글은 2018.1.17일 자 〈이투데이〉지에 '폭망 분노기사, 가상화폐 폭락 8천만 원 손해 봐 컴퓨터 부쉈다.'라는 제목으로 게재된 글이다. 이런 상황이라면 여러분도 어떻게 분노를 조절해야 할지 엄두가 나지 않을 것이다. 가상화폐 시세가 폭락하는 모습을 보이는 가운데 투자자들의 실망이 드러난 게시물들이 많은 공감을 얻고 있다. 시작할 때는 일확천금을 기대했지만 사실 성공한 사례는 극히 일부에 지나지 않는다.

"우리 아들이 대학생인데 가상화폐 투자로 목동에 30평대 아파트를 25억에 샀어."

어느 날 지인의 전화를 받았다. 평소 금융 관련 상담을 자주 해주었던 사람이다. 아들이 가상화폐 투자로 집을 샀다며 무척 자랑스러워했다. 가상화폐의 가격이 한창 상승기에 있을 때 많은 돈을 벌었다고 했다. 경제활동을 하는 직장인도 아니고 대학생이 그런 목돈을 벌었다는 사실에 놀라지 않을 수 없었다. '내 주변에도 성공한 투자자가 있었구나!'

그런데 몇 달 후 지인이 다시 전화를 해왔다. 이번에는 아주 침울한 분위기로 말했다.

"가상화폐가 폭락해서 번 돈 다 까먹고 오히려 8천만 원 손해 봤다니 믿기지 않아요"

"도대체 어떻게 했길래, 집까지 날리고 그렇게 큰 손실이 났어요?"

"나름대로 가상화폐에 대해 공부도 많이 하고 했는데…, 박사님 뭐가 문제일까요?"

"일단, 더 이상의 손해가 발생하면 안 되니까 영끌이나 빚투는 하지 말라고 하세요"

하지만 나의 조언은 이미 늦어버렸다. 지인의 아들은 '영끌'에다 '빚투'까지 했다, 이제는 지인의 재산까지 남아나지 않을 정도로 상황이 나빠졌다. '무엇이 문제일까?' 금융전문가라고 자처하면서 20~30세대에게 어떤 방향도 제시하지 못하는 내가 답답해졌다. 그래서 MZ세대의 재테크 현실부터 정확하게 파악했다.

국내은행이 MZ세대에 빌려준 가계대출 규모는 2021년 3월 말 현재 총 259조 6000억 원으로 지난 1년간 44조 7000억 원이 증가했다. 지난해 기준 총 가계대출 증가분 중 MZ세대가 차지하는 비중은 과반수(45.5%)에 가깝다. 2021년 4월 기준 국내 4대 가상자산거래소(빗썸, 업비트, 코빗, 코인원)의 가입자(581명) 가운데 약 60%가 MZ세대라고 한다. 이러한 재테크 광풍은 현존하는 국가 시스템에서 자신의 노후(미래)를 보장받을 수 없다는 불안감에서 나온 것이다.

그렇다. 결론은 불안감이다. 불안감은 냉정한 상황판단을 어렵게 만든다. '빚투'와 '영끌'로 부동산, 주식, 가상화폐에 공격적으로 투자한 사람들의 불안 심리는 더 크다. '손해 보면 끝장이다'라는 생각이 체계적인 재테크 전략을 수립하지 못하게 방해하는 것이다. 만약, 당신이 빚을 내서 주식이나 가상화폐에 투자하고 있다면 투자자산 일부를 매도해 현금을 확보해야 한다. 이렇게 마련한 현금으로 대출금 일부를 상환하고 우량주 주식에 투자를 확대해야 한다. 이렇게 해야만 금리 부담을 줄이면서 안정된 수익을 얻을 수 있다.

MZ세대의 재테크 현실을 보며 어떤 처방을 내려야 할지 고민된다. 이럴 때는 세계적인 투자 전문가에게 질문하면 쉽게 답을 찾을 수 있다. 전설적인 투자의 귀재 '워런 버핏(Warren Edward Buffet)이 MZ세대에게 투자의 원칙을 알려준다면 다음 6

가지는 빠뜨리지 않고 말할 것이다.

① 투자 시점을 기다려 가격이 낮을 때 매수하라.
② 단기 매매를 많이 하지 않고 소수의 종목에 장기 투자하라.
③ 주당 순이익(EPS)보다 자기 자본 이익률(ROE) 15% 이상인 종목을 투자 척도로 삼아라.
④ 꾸준한 매출 성장을 가져올 수 있는 장기적 경쟁력을 가진 독과점 기업을 사랑하라.
⑤ 향후 25년간 성장할 잠재력을 지닌 회사를 발굴하라.
⑥ 투자의 제1원칙은 돈을 잃지 않는 것이다.

투자의 원칙은 불안한 심리를 극복할 수 있는 유일한 처방약이다. 욕심을 과하게 부리면 더 큰 화가 따라오게 마련이다. 세상 사는 이치도 마찬가지다. 늘 마지막에는 원칙이 변칙을 이긴다. 꾸준한 성장이 일확천금보다 안정적으로 관리되는 자산이 된다.

"주식 투자는 매입 주가와 상관없이 장기투자로 수익을 기대하는 것이다."

메리츠자산운용 대표인 존 리는 가치투자로 장기투자를 하라고 주장한다. 그는 실제로 90년대 초에 S 통신사 주식을 3만

원대에 사서 10년 후 440만 원 고점에 매도한 경험이 있다. 단기 수익을 위해 사고파는 다른 투자자들과 달리 그는 팔 이유가 없기에 장기 보유했던 것이다. 그는 이렇게 말한다. "주식은 안 파는 거예요." 그러면서 10년 후 주식을 판 이유를 다음과 같이 말했다.

"낮아진 산업의 성장성과 경쟁 구조의 변화로 인한 비용 상승 요인으로 팔았습니다."

우리는 모두 성공신화만 쫓아가는 경향이 있다. 누가 얼마를 벌었다더라고 하면 나도 그렇게 벌 수 있을 것처럼 생각한다. 성공 투자자의 이면에는 보이지 않는 피나는 노력이 반드시 있다. 그 과정을 거치지 않고 달콤한 열매만 생각하면 100% 실패한다. 투자란 그런 것이다. 돈은 살아 있는 생명체와 같다고 한다. 내가 기울인 정성만큼, 내가 소중하게 다루는 생각만큼 나에게 따라오는 속성이 있다.

MZ세대는 불안한 심리에서 일확천금을 생각하지 말고 재테크의 현실을 정확하게 분석해야 한다. 현실의 가치보다 미래 가치를 볼 수 있어야 하고 욕심보다 조금씩 성과를 내는 마인드를 가져야 한다. 서두에서 제시한 9천만 원 투자에 마이너스 4

천 5백만 원 손실의 주인공이 여러분이 될 수 있음을 명심하자.

'힘들다' '힘들다' 말하면
더 힘들어집니다

'안 된다.' '안 된다.' 말하면
될 일도 안 됩니다

'어렵다' '어렵다' 말하면
더 어려워집니다

'죽겠다.' '죽겠다.' 말하면
고통스러운 일만 생겨납니다

'잘된다.' '잘된다.' 말하면
안 될 일도 잘되어줍니다

'행복하다' '행복하다' 말하면
행복한 일이 찾아옵니다

혼잣말을 하지만
운명의 귀는
내 생각을 감지하고
내 말을 듣고 있습니다

– 좋은 글 중에서 –

※ 필자가 몸담고 있는 회사의 지인이 '인생 명언'이라고 극찬한 글귀입니다.

희망고문 당하지 말고 성공 확률을 높여라

희망고문이라는 말은 제법 오래된 표현으로 19세기 소설가인 빌리에 드 릴라당(Auguste de Villiers de L'Isle-Adam)의 『희망이라는 이름의 고문』(La torture par l'esperance)이라는 단편 소설에 나온다. 어떻게 해도 절망적인 결과만이 기다리는 극적인 상황에서 주어진 작은 희망으로 인해 오히려 더 괴롭게 되는 상황을 일컫는 단어이다. 오죽하면 프리드리히 니체도 희망에 대해서 비판을 했다. "희망은 모든 악 중에서도 가장 나쁜 것이다. 그것은 인간의 고통을 연장시키기 때문이다." 희망이 아예 없다면 모든 기대를 포기하고 깔끔히 손을 뗄 수 있겠으나, 약간의 가능성이 보이면 그 가능성에 모든 것을 걸고 어떻게든 절망을 벗어나려고 노력하려는 인간의 심리를 그대로 반영한 단어라고 할 수 있다.

요즘 우리 사회는 20~30대에게 희망고문을 권하는 사회로 보인다.

경기 광명의 20평대 아파트에 거주하는 주부 K씨(38세)는 두 달 전 전세보증금 5%를 올려 3억 5000만 원에 재계약했다. 우선 급한 불은 껐지만, 계약이 만료되는 2년 후를 생각하면 막막하다고 한다. K씨는 "이러다간 월셋집으로 내려앉을 수도 있다는 위기감이 든다."라면서 "집 가진 사람들은 몇 달 새 억 단위로 집값이 올라 '벼락부자'가 됐는데, 우리처럼 없는 사람은 열심히 모아도 전세금조차 따라가기 어려운 '벼락 거지'가 됐다"라고 말했다. 집값을 중심으로 자산가격이 급등하면서 월급을 모아 내 집을 마련한다거나 저축을 통해 자산을 형성하겠다는 기대가 무너지고, 노동 의욕마저 꺾이고 있다.

이처럼 20~30대는 자산가격 폭등으로 정상적인 소득으로는 내 집을 마련하기 힘든 현실에 좌절하게 된다. 그래도 미래에 대한 희망으로 경제적인 자유를 얻고 싶은 조급한 마음에 '영끌'(영혼까지 끌어모아 투자)과 '빚투'(과도한 빚을 내 투자)를 통해 너도 나도 할 것 없이 재테크에 올인한다. 그러한 과정 중에 2018년 가상화폐 폭락 사태로 많은 사람들이 소중한 재산을 잃어버린 일도 발생했다. 그러면서도 재테크에 대한 실낱같은 희망을 품고 재테크에 매달리게 된다. 말 그대로 희망고문을 당하는 셈이다.

앞에서 나는 대학생의 가상화폐 투자 사례를 말했다. 대박을 터뜨린 것처럼 성공신화의 주인공이 되었다가 한순간에 벼락거지가 된 이야기였다. 이번에는 30대 직장인 A씨의 부동산 투자 사례를 소개한다. A씨는 결혼해서 어린 자녀를 두고 있는 평범한 가장이다. 그는 평소에 부동산 갭투자에 관심이 많았다. 주말이면 인천이나 경기도에 있는 투자 대상 빌라를 보러 다녔다. 투자 대상을 고르기 위해 인근 중개업소를 방문해서 시세를 물어보고 인터넷에서 관련 정보도 수집하면서 투자 대상을 물색했다. 수없이 다닌 임장(부동산 현장에 직접 방문하여 궁금했던 사항들을 직접 눈으로 확인하는 과정) 결과 최근 인천에 있는 역세권 빌라를 매수했다. 그 빌라는 전세를 내준 상황이라 매매가와 전세가의 차액만 지급하고 매수를 했는데 이른바 '갭투자'를 한 것이다.

그 빌라는 지은 지 오래되어서 향후 몇 년 안에 재개발 예정이라고 한다. 그렇게 되면 빌라는 몇 년 안에 아파트로 탈바꿈할 것이고 높은 매매가를 형성할 것이다. 한마디로 그는 주말에 발품을 판 대가로 로또를 맞은 것이다.

한편, A씨는 투자에 대한 정보를 알려주는 블로그도 운영하고 있다. 블로그에 주식과 부동산 투자에 대한 정보를 많이 올리다 보니 팬덤이 형성되어, 팬으로부터 한우 선물세트나 홍삼 선물세트 등을 많이 받고 있다. A씨의 투자 성공법은 무엇일까? 답은 간단했다. 공부와 발품이었다. 그는 투자 대상을 정하면 일정한 기간을 정해 놓고 주식, 부동산 등 관련 지식을 습득했다. 스스로 투자 대상에 대해 박사가 되었다고 생각되면 현장에서 다시 판단했다. 그리고 가장 적절한 투자 대상을 선택했다. A씨의 투자는 막연한 희망고문이 아니라 스스로 만들어낸 성공 확률이었다.

워런 버핏을 비롯한 수많은 성공한 투자자들도 이구동성으로 하는 말이 있다. "제발 돈 공부 좀 제대로 하고 투자하라."이다. 금융전문가가 아닌 일반 사람들이 투자를 못 하는 이유는 돈을 모르는 상태에서 세상이 어떻게 바뀔지 미래에 대한 비전 없이 세상과 돈을 대하기 때문이다. 돈을 벌기 전에 먼저 세상의 트렌드나 산업 동향을 파악하고 투자할 기업에 대해 공부를 해야 한다. 바로 돈 공부를 제대로 하고 투자 시장에 뛰어들어야 하는 것이다.

올바른 경제 관념과 금융 지식 없이 하는 재테크는 희망고문에 불과하다. 앞에서 말한 것처럼, 소득과 동떨어질 정도로 자산가격이 급등하면, 열심히 일해 '내 집'을 마련하겠다는 유인이 사라진다. 하준경 한양대 교수는 "집값이 많이 올라서 소득으로 감당이 안 되면, 미래에 대한 계획을 좌절시키는 경우가 많다"라면서 "예전에는 서울 안에서도 지역에 따라 1억~2억 원 차이 나던 것이 지금은 10억 원 이상 차이가 나는 수준이 되니까 이것이 과연 납득할 수 있는 수준인가, 공정하지 못하다는 생각이 들 수밖에 없고 이는 근로 의지를 떨어뜨리는 요인"이라고 말했다.

우리는 이제 희망고문을 멈춰야만 하는가 아니면 이러한 희망고문을 고진감래로 만들어야 하는가? 물론 희망고문이라는 부정적인 뉘앙스로 끝나는 단어답게 결국 이렇게 한 노력이 완전히 수포로 돌아가야 희망고문이 완성된다. 그 실낱같은 희망을 쥐고 마지막에 노력의 결실을 맺게 된다면 그것은 희망고문이 아니라 고진감래다.

이렇게 희망고문을 고진감래로 바꾸는 방법은 간단하다. 워런 버핏이 말한 것처럼 투자하기 전에 철저히 공부하는 것이다. 여기에 추가해서 올바른 경제 관념과 금융 지식을 습득한다면 성공 확률을 높일 수 있다. 바로 준비된 투자자로 거듭날 수 있는 것이다. 투자를 생각한다면 다음의 문장을 수십 번 되풀이해서 읽어보기 바란다.

"투자에 필요한 지식을 배워라. 주식으로 돈을 벌려면 기업에 관한 공부를 해라. 어떤 업종이 뜨고 있는지, 또 앞으로 뜰 것인지를 살펴봐야 한다. 부동산으로 돈을 벌려면 정부정책과 시장의 흐름, 개발계획 등을 공부하고 수없이 발품을 팔아라. 임장의 횟수만큼 성공 확률은 높아진다."

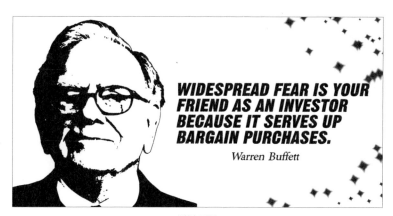

워런 버핏

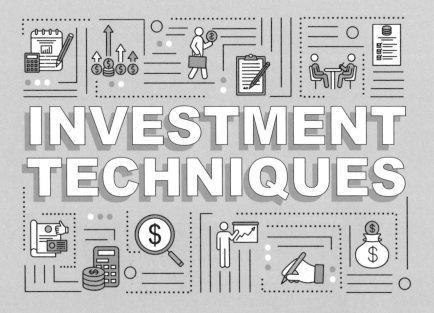

INVESTMENT TECHNIQUES

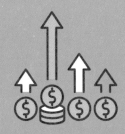

PART 3

금융전문가의
쓴소리,
사회 현상부터
읽어라!

사회 현상을 읽어야
전략이 보인다

여러분은 다음의 정보를 얼마나 믿는가?

"A라는 회사가 신안 앞바다에서 고려청자를 싣고 가던 무역선을 발견했고 인양 직전이다. 빨리 A 회사 주식을 사라!"

"내가 아는 탐사선 선장이 내게만 귀띔해주었는데, 다음 주에 무역선 발견 기자회견을 한다고 하니 빨리 A 회사 주식을 사라!"

역발상으로 생각해 보자. 이렇게 큰 이익이 발생하는 주식이라면 투자를 권유하는 사람 본인이 빚을 내서라도 살 텐데 그렇지 않은 것은 의심을 해봐야 한다. 이런 '카더라 통신'은 역사적인 사건과 비슷한 이야기를 그럴듯하게 엮어서 꾸며낸 이야기다.

실제로 1976년, 신안 앞바다에서 무역선을 찾았고 9년 동안 11차례에 걸쳐 계속 바닷속에 있는 신안 해저 유물을 발굴한 적이 있었다. 발굴 결과, 중국에서 만든 배를 건져 올렸으며 고려청자를 포함한 도자기 2만여 개, 동전 20여 톤을 건져 올렸다. 이 배는 1323년에 원나라를 떠나 고려에서 청자를 싣고 다시 일본으로 가던 무역선으로 고려를 떠나자마자 가라앉았다는 사실이 밝혀졌다.

그러면 앞에서 말한 '카더라 통신'의 결과는 어떠했을까? '카더라 통신'을 밑도 끝도 없이 믿고 주식을 사면 영락없이 주가가 폭락해서 투자금을 잃을 것이다. 이 사례를 통해서 우리가 얻을 수 있는 교훈은 다음과 같다.

"출처도 모르는 '~라고 하더라'에 투자하는 것은 그만 멈추고 나의 분석과 판단이 투자의 근거가 되는 투자를 하라"

그러면 분석과 판단은 어떻게 해야 하는가?

우리는 엄청난 양의 투자정보가 신문, 텔레비전과 같은 대중매체나 인터넷을 통해서 매일 다양한 형태로 쏟아져 나오는 환경에 살고 있다. 우리는 이러한 매체를 통해 우리의 경제 상황을 보여주는 주식 시세나 환율 같은 다양한 경제 지표를 확인할 수 있으며, 펀드매니저 등 전문가의 칼럼도 쉽게 접할 수 있다.

다양한 투자정보 중 어떤 것을 참고해야 할지 혼란스러운 경우에는 투자 상품을 선택하기 전에 친구나 친척 등 지인들의 이야기를 참고하기도 하고, 투자 전문가를 찾아 상담을 해보는 것도 좋다. 물론 우리 스스로 사회 현상을 제대로 읽어서 투자 전략을 세울 수만 있다면 그것이 최선의 방법이지만 대다수의 사람들은 전문가의 도움을 받고 있는 것이 현실이다.

이한영 작가는 『시대의 1등 주를 찾아라. 1등 펀드매니저처럼 생각하고 투자하는 법』에서 왜 사회 현상을 읽어야 하는지 그 실제 사건을 바탕으로 다음과 같이 말했다.

"2020년 하반기는 삼성전자의 시대였다. 6만 원대였던 주가는 두 달 만에 9만 원까지 급등했고, 투자자들은 '10만 전자'를 외치며 장밋빛 미래를 그렸다. 하지만 이후부터 주가는 지독하게 오르지 않으면서 바닥만 다지는 상황을 연출했는데, 2021

년 상반기에 소재·산업재 산업인 포스코, 에쓰 오일, 롯데케미칼이 역사적 신고가를 갱신할 때도 상황은 마찬가지였다. 아무리 잘 나가는 대형주라도 큰 흐름을 만나지 못하면 시장의 관심을 받을 수 없다는 것을 알려준 사례였다.”

“2020년에 SK이노베이션, 카카오, 삼성전자가 만들어 낸 높은 수익률은 모두 이 흐름을 제대로 만난 결과였다. 2차전지, 플랫폼, 반도체 등의 산업이 돌아가며 시장을 이끌었는데 이때 각 산업을 대표하는 1등 주식이 차례로 큰 수익을 냈다. 만약 이런 배경을 알지 못하고 뒤늦게 매수 버튼을 눌렀다면 상승장의 끝물에 물려버리고 만다. 따라서 극적인 이익률을 만나기 위해서는 먼저 ‘뜨는 산업’이 무엇인지 알아야 한다. 뉴스에서는 역사적 신고가를 달성했다는 기사가 쏟아지는데 내 계좌 잔고는 그대로였던 이유는 돈이 어디로 향하는지 알지 못해서다. 큰 흐름을 보지 못한 채 주가가 오르내리는 시세에만 집중하게 되면 사면 떨어지고 팔면 오르는 엇박자 투자를 경험하게 된다.”

나는 2021년 1월에 출간된 저서(공저) 『미래 유망 기술과 경영』에서 사회 현상을 읽고 사회 흐름에 맞는 드라마를 만들어서 성공한 넷플릭스의 성공 비결을 언급한 바 있다. 그 주요 내용은 다음과 같다.

"넷플릭스는 비디오 스트리밍 서비스를 제공하고 자체적으로 드라마를 제작하는 회사이다. 넷플릭스의 히트 작품 〈하우스 오브 카드〉 드라마의 성공 비밀은 빅데이터 분석에서 찾을 수 있다. 넷플릭스는 시청자들의 행위를 분석한 빅데이터를 활용하여 배우, 감독, 드라마 장르(정치물) 등을 결정하게 되었고, 결국 시청자들이 원하는 드라마를 제작하여 히트 작품을 만들 수 있었다. 현재 넷플릭스는 다음 작품의 대박을 위해 시청자들의 자세한 정보를 수집하고 있다. 이러한 넷플릭스의 성공 사례를 벤치마킹하면, 금융기관은 빅데이터를 통해 금융소비자들이 원하는 것을 파악할 수 있고 그들이 원하는 다양한 핀테크 서비스를 제공할 수 있을 것이다."

위에서 소개한 넷플릭스의 성공 사례는 우리를 부자로 만들어 주는 투자를 하는 데 필요한 "사회 현상을 제대로 읽어라"라는 표현과 100% 일치하지 않을 수도 있다. 나는 MZ세대가 사회 현상을 잘 읽어서 성공 투자를 했으면 좋겠다는 의미에서 넷플릭스의 성공 사례를 벤치 마킹의 사례로 언급했다.

"친구 따라 강남 가면 망한다."

자기는 하고 싶지 않지만, 남에게 끌려서 덩달아 하게 됨을 이르는 말로 "친구 따라 강남 간다."라는 말이 있다. 이 말은 두 가지 의미가 있는데, 하나는 '친구가 좋아서 무엇이든 함께 한다.'라는 것이고, 다른 하나는 '남들이 하니까 나도 해야 한다'라는 압박감을 가지고 무리하게 일을 하다가 결국 망한다는 뜻이다.

MZ세대여! 정보의 홍수 시대에 옥석을 가릴 줄 아는 혜안으로 친구 따라 무조건 강남 가지 말고 성공 투자를 하기 바란다.

일확천금을 벌게 해준다는 달콤한 말은 투자가 아닌 투기일 가능성이 크다. 정보의 홍수 속에서 옥석을 가릴 줄 아는 능력의 가장 기초는 사회 현상을 읽는 능력임을 명심하기 바란다.

좋은 글: 긍정과 부정

항상 부정적인 사람과
항상 긍정적인 사람은
시작이 다르고 끝이 다르다.

부정은 부정적 마음으로 시작되어
부정의 얼굴 표정이 나오고
부정의 말이 나오며
부정의 행동이 나오게 된다.

결과적으로 부정하는 삶은
부정적인 결과를 낳는다

긍정은 긍정하는 마음으로 시작되어
긍정의 얼굴 표정이 나오고
긍정의 말이 나오며
긍정의 행동이 나오게 된다.

결과적으로 긍정하는 삶은
긍정적인 결과를 낳는다.

성공하고 싶은가?

지긋지긋한 가난에서 벗어나
경제적 독립과 시간의 자유를 누리고 싶다면
절대 좋지 않은 감정표현을
입 밖에 내지 않아야 하며,
남을 헐뜯고 시기 질투하지 말며,
해보지도 않고 안 된다는 식의
부정적 마인드를 쓰레기통에 버려라.

무엇이든 잘 될 것이라는 무한긍정과
확신이 정답이다.

성공한 자는 무얼 해도 성공시킬 수 있다는
자신감과 확신이 있다.

부정적인 사람은 평생 불쌍해지며,
긍정적인 사람은 평생 행복해진다.

그 선택은
지금의 당신에게 달려 있다.

- GNBU 총장 홍창준 박사 -

글 출처 : 카카오스토리 - 세상의 모든 이야기

사회 현상은
이렇게 읽어라

"노력 없이 얻으려 하지 마라"

　이솝우화의 '금도끼 은도끼'는 나무꾼이 나무를 자르다 도끼를 강물에 빠뜨리고, 헤르메스 신이 '금도끼가 네 것이냐? 은도끼가 네 것이냐?' 물은 후에 정직하게 쇠도끼를 자기 것이라고 답한 나무꾼에게 도끼 세 개를 모두 준다는 이야기다.

　이 이야기의 교훈은 나무꾼이 헤르메스 신에게 정직하게 말을 하니 금도끼와 은도끼를 얻었다는 것이다. 그러나 우리의 현실은 그렇지 않은 것으로 생각한다. 우리가 무엇인가를 얻기 위해서는 반드시 노력해야만 한다. 투자도 마찬가지다. 투자에 성공하기 위해서 우리는 정보 수집, 분석 그리고 투자의사 결정을 합리적으로 잘해야 한다.

앞서 이한영 작가의 『시대의 1등 주를 찾아라. 1등 펀드매니저처럼 생각하고 투자하는 법』을 소개하면서 왜 사회 현상을 읽어야 하는지 실제 사건을 살펴봤다.

"2020년에 SK이노베이션, 카카오, 삼성전자가 만들어 낸 높은 수익률은 사회적 흐름을 제대로 만난 결과였다. 2차전지, 플랫폼, 반도체 등의 산업이 돌아가며 시장을 이끌었는데 이때 각 산업을 대표하는 1등 주식이 차례로 큰 수익을 냈다. 만약 이런 배경을 알지 못하고 뒤늦게 매수 버튼을 눌렀다면 상승장의 끝물에 물려버리고 만다. 따라서 극적인 이익률을 만나기 위해서는 먼저 '뜨는 산업'이 무엇인지 알아야 한다."

우리를 부자로 만들어 줄 수 있는 사회 현상을 어떻게 하면 잘 읽을 수 있을까?

정답은 우리가 접하는 정보이다. 그 정보 속을 들여다보면 투자 대상 기업 등의 재무현황과 영업 현황 등을 파악할 수 있고 우리가 투자할 회사가 성장성이 높은 회사인지 혁신성으로 시장을 지배할 가능성이 있는지 가늠해 볼 수 있다.

정보를 찾고 활용할 때에는 다음의 두 가지를 염두에 둬야 한다. 첫째, 필요로 하는 정보가 무엇이고, 어떤 방법으로 정보를 찾아야 할지 생각해야 한다. 정보를 찾는 데에는 시간, 노력, 비용이 수반되기 때문에 모든 정보를 수집하려고 하기보다는, 어떤 정보가 필요하고 어떤 방법으로 정보를 찾는 것이 좋을지 미리 생각해야 한다. 둘째, 어느 정도 믿을 수 있는 정보인가를 생각해야 한다. 모든 정보가 다 믿을 수 있는 것은 아니다. 특히 광고의 경우 상품에 대한 유용한 정보를 제공해 주기도 하지만, 판매자들이 더 많은 물건을 팔기 위해 상품의 장점이나 수익률 등을 부풀리거나 거짓으로 꾸며 소개하기도 하니 유의해야 한다.

이러한 정보는 인터넷이나 유튜브 검색 등을 통해 얻을 수도 있고, 신문과 잡지 등에 실린 기사나 텔레비전 뉴스나 광고 등을 통해 얻을 수도 있다. 또한, 주변의 여러 사람들로부터 필요한 정보를 얻을 수 있다. 특히 사회의 흐름을 읽기 위해 유용한 것은 신문이다. 신문의 사회면, 경제면, 과학기술 면을 잘 보면 성장산업을 파악할 수 있고 우리는 그러한 성장산업에 투자하면 되는 것이다.

뛰어난 투자실력과 기부활동으로 인해 흔히 '오마하의 현인'이라고 불리는 워런 버핏! 그는 자신이 학사 학위를 받은 네브

래스카대학교 링컨캠퍼스의 졸업식에서 후배들에게 "독서를 이기는 건 없다"라고 말했다. 정보싸움이 치열한 주식시장에서 워런 버핏이 투자의 귀재로 불릴 수 있는 것은 지독한 독서습관 덕분이라고 한다. 워런 버핏의 성공하는 독서습관 5가지는 다음과 같다.

① 독서의 목적을 세워라

독서를 통해 무엇을 할 것인가를 결정하면 책을 읽을 필요성을 깨닫게 되고 열정을 일깨울 수 있다.

② 책을 통해 능력을 키워라

책은 중요한 학습 도구다. 현재 수준보다 더 나은 나를 생각하고 성장할 수 있도록 책이라는 도구를 활용하여 능력을 향상시킬 수 있다.

③ 나의 수준을 돌파하라

어떤 상황에 있든, 어떤 환경에 있든 노력에 따라 미래가 달라진다.

④ 최고를 지향하라

목표를 높이 세울수록 달성되는 결과물이 달라진다. 자신의 한계를 규정하고 낮은 목표를 세우는 것보다는 고차원의 목표를 세움으로써 달성 가능한 결과물을 얻을 수 있다.

⑤ 끊임없이 노력하라

노력 없이 주어지는 것은 없다. 책 읽기를 통한 학습은 쉬운 과정이 아니다. 때로는 지루하고 재미없다. 그러나 그 열매는 달콤하다.

워런 버핏은 독서습관의 중요성에 대해 다음과 같이 말했다.

"나는 아침에 일어나 사무실에 나가면 자리에 앉아 읽기 시작한다. 그 후 여덟 시간 통화를 하고 나면 다시 읽을거리를 가지고 집으로 돌아와 저녁에 또 읽는다."

워런 버핏에게 무엇을 읽는다는 것은 세상의 변화를 알게 해 주었으며, 남들과 다른 투자철학을 만들어줬다. 성공한 워런 버핏이 실천한 가장 좋은 방법은 매일매일 습관처럼 했던 독서였다. 워런 버핏은 이 독서방법을 통해 투자의 인사이트를 찾지 않았을까?

좋은 글: 인생에서 필요한 5가지 끈

인생은 끈이다. 사람은 끈을 따라 태어나고, 끈을 따라 맺어지고, 끈이 다하면 끊어진다. 끈은 길이요, 연결망이요, 인연이다. 내가 가지는 좋은 끈이 좋은 인맥, 좋은 인연을 만든다. 인생에서 필요한 5가지 끈을 알아보자.

1. 매끈
까칠한 사람이 되지 마라. 보기 좋은 떡이 먹기 좋고 모난 돌은 정 맞기 쉽다. 세련되게 입고, 밝게 웃고, 자신감 넘치는 태도로 매너 있게 행동하라. 외모가 미끈하고 성품이 매끈한 사람이 돼라.

2. 발끈
오기 있는 사람이 돼라. 실패란 넘어지는 것이 아니라 넘어진 자리에 머무는 것이다. 동트기 전이 가장 어두운 법이니 어려운 순간일수록 오히려 발끈하라! 가슴속에 불덩이 하나쯤 품고 살아라.

3. 화끈

미적지근한 사람이 되지 마라. 누군가 해야 할 일이라면 내가 하고, 언젠가 해야 할 일이라면 지금 하고, 어차피 할 일이라면 화끈하게 하라. 눈치 보지 말고, 소신껏 행동하는 사람, 내숭 떨지 말고 화끈한 사람이 돼라!

4. 질끈

용서할 줄 아는 사람이 돼라. 실수나 결점이 없는 사람은 없다. 다른 사람을 쓸데없이 비난하지 말고 질끈 눈을 감아라. 한 번 내뱉은 말은 다시 주워 담을 수 없으니 입이 간지러워도 참고, 보고도 못 본 척할 수 있는 사람이 돼라. 다른 사람이 나를 비난해도 질끈 눈을 감아라.

5. 따끈

따뜻한 사람이 돼라. 계산적인 차가운 사람이 아니라 인간미가 느껴지는 사람이 돼라. 털털한 사람, 인정 많은 사람, 메마르지 않은 사람, 다른 사람에게 베풀 줄 아는 따끈한 사람이 돼라.

끈끈한 만남이 그리운 세상이다. 쉽게 만나고 쉽게 헤어지는 인연이 아니라 한번 맺은 인맥은 영원한 인맥으로 만나려는 끈끈한 사람들이 아쉬운 세상이다. 매끈, 발끈, 화끈, 질끈, 따끈함으로 질긴 인연의 끈을 만들어 보자. 나도 누군가에게 좋은 끈이 돼 주고 싶다.

글 출처 : 카카오스토리 – 명언 좋은 글

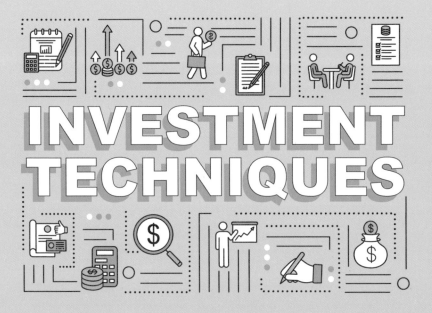

INVESTMENT TECHNIQUES

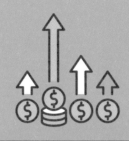

PART 4

재테크의 기본과 실전,
이것만 알면
경제적 자유가 보인다

금융 기본지식도 모르고
투자한다고?

동서양을 아우르는 범지구적 항해 시대는 15세기 초에서 17세기 중엽까지 거슬러 올라간다. 이 시대를 대항해시대로 규정지을 수 있는 굵직한 항해사로는 정화의 7차에 걸친 '하서양(下西洋)'을 비롯해 엔히크를 필두로 한 포르투갈인들의 아프리카 서해안 항해, 다 가마의 인도양 해로 개척, 콜럼버스의 대서양 횡단, 마젤란과 엘카노의 세계 일주, 아메리고 베스푸치의 남미 대륙 항해, 포르투갈과 스페인의 라틴아메리카 식민화를 위한 해상 활동, 네덜란드와 영국의 해양 패권 경쟁 등을 들 수 있다. 이 시대에는 대범선무역(大汎船貿易)에 의해 동서 간에 도자기와 향료, 농산물과 광물 등 문물교류가 활발하게 진행되었다.

'나침반, 명나라 장군 정화의 18만 5천 킬로 대항해를 가능케 하다'

중세인들에게 바다는 생존을 보장할 수 없는 곳, 지평선이 보이지 않는 먼바다는 곧 세상의 끝이었다. 어디를 둘러봐도 똑같은 수평선밖에 보이지 않는 바다에서 사람들은 자신의 위치를 파악 못 하기 일쑤였고 그렇게 시작된 표류는 늘 죽음으로 결말이 났다. 그런 중세에 명나라의 장군 정화가 인도, 아프리카까지 일곱 차례에 걸쳐 총 18만 5천 킬로를 항해했다. 도대체 어떻게 이러한 대항해가 가능했을까?

정답은 바로 나침반이었다. 물론 원거리를 항해할 수 있는 범선의 제조 기술도 한몫했지만 자신이 어디로 향하고 있는지 확인할 수 있는 나침반이 존재하지 않았다면 원정은 불가능했을 것이다. 나침반의 보급과 그로 인해 점점 정교해진 지도는 유럽 항해의 장을 지중해에서 대서양으로 옮겨 놓으며 이른바 대항해시대를 열게 되었다. 그를 통해 각 대륙은 서로 접촉하게 되었으며 거대한 문명의 충돌로 인해 인류의 문명은 비약적으로 발전했다. 나침반은 그런 변혁의 열쇠로 작용했다고 할 수 있으니 인류의 운명을 바꿔놓은 발명품이라 할 수 있다.

"투자의 나침반을 찾아라!"

기본적인 금융 지식 없이 투자하는 것은 망망대해에서 나침반 없이 항해하는 것과 같다고 볼 수 있다. 나침반 없이 항해하다가 표류를 하게 되고 죽음을 맞이하는 것처럼, 금융 기본지식 없이 투자하다가는 투자 자금을 전부 잃어버릴 수 있는 것이다.

"왜 투자를 해야 하는가?"

나는 아이스크림 월드콘을 좋아한다. 내가 대학교 1학년 때인 1988년도에 월드콘은 300원이었다. 하지만 요즘은 2,000

원이다. 같은 아이스크림인데 가격이 많이 올랐다. 이러한 현상은 돈의 가치가 변하기 때문이다. 돈의 가치는 어떤 물건을 얼마나 구매할 수 있느냐로 나타낼 수 있다. 시간이 지나면서 돈의 가치는 변한다. 같은 금액이지만 옛날의 천 원에 비해 10년 후 천 원의 가치는 줄어들게 된다. 현재 사과 한 개를 천 원에 주고 살 수 있다면 10년 후에는 3천 원 이상을 주어야만 살 수 있을지도 모른다.

이렇게 시간이 지남에 따라 가격이 오르거나 내린 물건의 가치를 '물가'라고 한다. 이들 물건 가격을 평균해서 가격이 오른 물건이 더 많으면 '물가가 올랐다'라고 말하고, 반대로 가격이 내려간 물건이 더 많을 수도 있는데 이때는 '물가가 내렸다'고 말한다.

만약 물가가 계속 오르면 같은 물건을 사더라도 예전보다 돈을 더 많이 내야 한다. 이렇게 미래에는 점점 돈의 가치가 떨어질 수 있기 때문에 돈을 현금으로 가지고 있는 것보다는 이자를 받으면서 돈을 불리는 방법을 생각해야 한다. 다른 한편으로는, 물가는 계속 오르는데 내가 가지고 있는 돈이 늘지 않는다면 내 재산은 점점 줄어들게 되기 때문에 물가가 오르더라도 재산이 줄지 않도록 하기 위해서도 돈을 불려 나가야 한다. 돈을 불리기 위해서는 저축을 하거나 투자를 할 수 있다. 저축은 은행에서 이자를 받아 돈을 불리는 것이고, 투자는 은행에서 받는 이자보다 더 많은 이익을 얻기 위해 적극적으로 돈을 불려 나가는 방법이라고 할 수 있다.

다시 말해서, 은행에 저축해서 돈을 모으고 이자를 받는 방법도 있지만 투자를 통해서도 돈을 불릴 수 있다. '저축'이 은행에 내 돈을 빌려주고 약속한 이자를 받아 안전하게 돈을 불리는 거라면 '투자'는 은행에서 받는 저축 이자보다 더 많은 이익을 기대할 수 있지만 높은 수익을 얻을 수 있는 만큼 돈을 잃을 위험을 가지고 있는 금융상품이다.

이렇듯 우리는 돈을 불리는 수단으로 투자를 한다. 대표적인 투자 상품은 주식, 채권, 부동산, 펀드와 파생상품이 있다. 그러면 우리가 투자한 자금을 잃지 않고 안정적인 수익을 낼 수 있는 방법은 무엇일까?

우리가 원하는 합리적이고 건전한 금융 생활을 하기 위해서는 금융 지식, 금융 행위와 금융 태도 등이 필요하다. 금융 지식은 합리적인 금융 생활을 위해 갖추어야 할 지식을 의미하고, 금융 행위는 건전한 금융·경제생활을 영위하기 위한 행동 양식이며 금융 태도는 현재보다 미래를 대비하기 위한 의식구조를

뜻한다.

앞에서 대항해시대에 항해를 무사히 할 수 있게 도와준 문명의 이기가 나침반이라고 말했다. 그러면 돈을 불리기 위해서 하는 투자에서의 나침반은 바로 투자하는 금융상품에 대해서 아는 것이다. 바로 기본적인 금융 지식이 필요한 것이다. 투자하려고 하는 주식, 부동산, 채권 등 투자 상품에 관한 책들을 읽고 투자에 나서는 게 좋지만, 우선 다양한 금융 기본지식을 습득하는 것이 먼저다.

그러면 기본적인 금융 지식에 대해서 금융이란 무엇인가부터 시작해서 금융의 기능, 금융 의사결정, 개인정보, 재무관리, 예산, 수입, 지출, 저축, 저축상품 선택 시 고려사항 등으로 나눠서 하나씩 간략히 살펴보자.

금융

금융은 돈을 의미하는 금(金)과 빌려주고 빌려오는 것을 의미하는 융(融)이 결합하여 이루어진 단어로 돈을 빌려주고 빌려오는 행위를 의미한다. 다시 말해서 금융이란 자금 공급자와 자금 수요자 간에 자금을 빌려주고 빌리는 것으로 '자금의 융통'을 말한다. 이러한 금융은 돈을 필요로 하는 사람에게 자금을 원활하게 공급하여 경제활동이 지속적으로 이루어지게 하는 활동이다.

금융의 기능

경제활동이 지속적으로 이루어지게 하는 활동인 금융의 기능은 여유자금을 가진 사람들의 돈을 모아서 자금이 필요한 사람에게 전달하는 중개 기능을 수행한다. 또한, 금융은 여유자금을 가진 사람들에게 투자의 기회를 제공한다.

금융 의사결정

주거래은행은 어디로 할 것인지, 어느 금융회사에서 대출을 받을 것인지, 목돈을 어느 금융회사에 맡길 것인지, 어느 주식에 투자할 것인지 등 금융거래를 하면서 만나는 문제들을 해결하는 것이 금융 의사결정이다. 의사결정을 함으로써 벌어들인 소득이나 구입한 물품은 우리에게 만족을 주는데, 이를 편익이라고 한다. 의사결정의 과정에서 무엇인가를 포기하게 되면 마음속에 아쉬움이 남는데, 이를 경제적 비용이라고 한다. 이처럼 금융 의사결정을 할 때는 자신이 부담해야 하는 비용과 그 결정에 따른 편익을 잘 살펴봐야 한다.

금융 의사결정을 잘하려면 정보가 필요한데 정보란 경제 주체의 금융 생활에 도움이 되는 정보를 말한다. 정보는 인터넷, 금융상품 판매원, 신문, 가족이나 친구 등을 통해 얻을 수 있는데 이러한 정보를 수집하여 활용하면 금융 의사결정을 할 때 불확실성을 줄일 수 있다.

개인정보

금융거래는 개인정보를 바탕으로 하고 있다. 개인정보란 성명, 주민등록번호, 주소 등과 같이 특정 개인을 알아볼 수 있는 정보를 말한다. 또한, 그 자체만으로 개인을 알아볼 수 없어도 이름이나 주민등록번호를 결합하여 개인을 특정 지을 수 있다면 그것 역시 개인정보라고 할 수 있다. 만약 누군가가 타인의 개인정보를 악용한다면 개인의 안전과 재산에 큰 피해를 줄 수 있는데, 불법으로 유출된 개인정보는 각종 스팸 메일이나 스팸 문자를 보내는 데 활용되기도 하고, 본인도 모르는 사이에 특정 사이트에 가입되어 범죄의 도구로 사용되기도 한다. 그렇기 때문에 개인정보를 스스로 지켜내기 위한 노력과 의식이 필요한 것이다.

오늘날 개인정보는 과거의 분류와 다르다. 개인정보가 과거의 단순한 신분 정보에서 오늘날에는 전자 상거래, 고객 관리, 금융거래 등 사회의 구성, 유지, 발전을 위한 요소로 그 기능이

확대되고 있다. 현대 사회에서 개인정보란 개인의 신체, 재산, 사회적 지위, 신분 등에 관한 사실, 판단, 평가를 나타내는 모든 정보를 말한다.

인터넷상에서 개인정보가 침해되는 것을 방지하기 위해 보안 프로그램 설치하기, 공인인증서를 이동식 저장 장치에 보관하기, 전자금융거래 이용 내역을 알려주는 휴대 전화 서비스 활용하기, 비밀번호를 주기적으로 변경하기 등을 실천하여야 한다.

재무관리

일반적으로 생애 주기는 인생의 긴 과정을 의미한다. 생애 주기는 영·유아기, 아동기, 청소년기, 청년기, 중·장년기와 노년기로 구성된다. 이러한 인생 전체의 기간 동안 수입과 지출을 관리해야 하는데 이를 재무관리라고 한다. 장기적인 관점에서 재무관리를 잘하기 위해서는 재무 목표를 정하고 개인의 소득과 저축, 소비 성향에 대해 분석하고 평가하는 것이 필요하다.

소득 중에서 저축액이 차지하는 비율을 저축 성향이라고 한다. 한편 소득 중에서 저축을 제외한 소비가 차지하는 비율은 소비 성향이라고 한다. 일반적으로 소득이 증가하면 소비가 증가하지만, 소비가 증가하는 비율은 줄어드는 경향이 있다.

예산

안정적인 경제생활을 영위하기 위해서는 수입과 지출관리를 잘해야 한다. 수입과 지출을 잘 관리하는 데 필요한 것이 예산이다. 예산은 소득이 얼마일지를 예상하고 얼마를 지출할지 계획을 세우는 것인데 다르게 말하면, 예산이란 수입 총액과 지출 총액에 대한 구체적인 계획이라고 말할 수 있다. 예산을 세우는 목적은 지출 총액이 수입 총액을 넘지 않게 하는 데 있다. 수입 총액에서 지출하지 않고 남은 자금이 있어야만 예기치 못한 일이 발생했을 때 여유자금으로 적절히 대응할 수 있을 것이다.

예산을 효율적으로 관리하기 위한 대표적인 방법은 수입과 지출에 대해 기록을 하고 이에 대한 분석을 바탕으로 불필요한 지출을 줄여나가는 것이다. 이처럼 예산을 효율적으로 기록하고 분석하기 위해 우리가 보통 쓰는 것은 가계부와 예산관리 전산프로그램 등이 있다.

수입

개인이나 가계가 일상생활을 하기 위해서는 돈이 필요하다. 가계 수입은 소득을 통해 생기는데 소득은 개인이나 가계가 노동이나 자본 등과 같은 생산 요소를 제공하고 그 대가로 번 돈이다. 이러한 소득은 비교적 오랫동안 정기적으로 들어오는 소득과 일시적으로 발생한 임시소득으로 구분된다. 정기소득에는 근로소득, 사업소득, 재산소득, 이전소득이 있고, 예상치 못한 요인이나 일시적 요소에 의해 발생하는 임시소득에는 퇴직금, 복권 당첨금, 상속 재산 등이 있다.

근로소득은 용역을 제공하고 그 보상으로 받는 개인 소득을 모두 포함한다. 근로를 제공하고 받는 봉급, 급료, 보수, 세비, 임금, 상여, 수당과 이와 유사한 성질의 급여 등이 해당한다.

사업소득은 개인이 계속해서 행하는 사업에서 생기는 소득을 말한다. 일반적으로 사업이란 독립적인 지위에서 영리를 목적으로 계속, 반복적으로 행하는 사회적 활동을 의미하는바, 이러한 사업에서 발생하는 소득이 사업소득이다. 사업소득은 사업에서 발생하는 소득인 점에서 자산 소득인 이자 소득, 배당 소득과 구별되고 부동산 임대 소득은 사업소득에서 별도로 구분하여 사업성 여부에도 불구하고 부동산의 임대를 내용으로 하는 소득이라는 점에서 구별된다.

재산소득은 어떤 경제 주체가 다른 경제 주체의 소유로 되어 있는 금융자산, 토지 및 무형자산을 사용함으로써 발생하는 소득으로 이자, 배당, 임대료 및 독점적 권리의 사용료 등이 있다. 이를 항목별로 보면 이자는 예금이나 대출금, 채권 등의 금융자산에 의해 발생하는 소득이고 배당은 민간법인기업과 협동조합 등에 대하여 주식 또는 출자지분의 형태로 자본참여를 함으로써 발생하는 소득이다. 임대료는 임대된 토지에서 발생하는 수임료 즉 총 임대료에서 토지에 대한 유지비를 차감한 부분을 재산소득으로 본다.

이전소득은 생산 활동에 기여한 대가로 받는 돈이 아니라 퇴직, 질병, 사고, 노령 등으로 인하여 경제적 도움이 필요하다고 인정되는 경우에 일정한 조건을 갖춘 사람이 국가 등으로부터 받는 돈이다. 여기에는 연금, 구호금, 재난지원금, 정부의 생활보조금 등이 있다.

지출

지출은 수입의 상대적인 개념으로 재화와 용역을 취득하기 위해 화폐를 사용하는 것을 의미한다. 가계는 여러 지출 항목 (식비, 의료비, 교통비 등) 간에 소득을 분배하여 지출한다.

지출의 종류는 크게 경상지출과 임시지출이 있다. 경상지출은 정기적으로 지출되는 식료품비, 주거비, 광열비, 기타 각종 요금 등을 말하며 임시지출은 예상하지 못한 지출이나 규칙적이지 않은 지출을 의미한다. 의료비, 의류 및 가구 구입비 등이 이에 해당한다.

월세, 세금, 이자 비용 등과 같이 최초의 계약에 따라 미리 그 지출금액이 정해져 있는 것을 고정지출이라 하고 식료품비, 교양 및 오락비 등과 같이 그 지출금액이 고정되어 있지 않고 가계의 의도에 따라 지출금액에 변동이 생길 수 있는 것을 변동지출이라고 한다. 한편, 통계청은 가계 지출을 소비지출과 비소비지출로 구분하고 있다.

저축

저축이란 소득 중에서 소비하지 않고 남겨 놓은 소득을 말한다. 다시 말해 저축은 지금 당장 소비하지는 않지만, 미래에 쓰기 위해 남겨 두는 것으로 미래의 소비라고 할 수 있다. 저축을 하면 현재 소비하고 싶은 욕구를 포기해야 하지만 반대급부로 이자를 받을 수 있다. 이자는 은행 등이 돈을 사용한 대가로 예금자에게 지불하는 돈이다. 이러한 이자는 크게 단리와 복리로 구분할 수 있다. 단리는 일정한 시기에 원금에 대해서만 약정한 이자율을 적용하여 이자를 계산하는 방법이다. 이때 발생하는 이자는 원금에 합산되지 않기 때문에 이자에 대한 이자가 발생하지 않는 단점이 있다. 반면에 복리는 원금에 붙은 이자에 대해서도 이자를 지급한다.

일반적으로 우리가 돈을 은행에 저축하면 은행은 돈이 필요한 개인이나 기업에 이 돈을 빌려주고, 은행은 이들에게 받은 이자의 일부를 예금자에게 돌려준다. 예금자 입장에서는 자신의 예금 재산으로 이자 소득이라는 재산소득을 얻게 된다. 반면 저축을 하지 않으면 당장은 만족을 얻을 수 있지만, 미래에 쓸 돈이 줄어들게 된다. 은행에 저축하면 나라 경제에도 도움을 줄 수 있다. 은행에 여러 사람이 저축을 하면 큰 목돈이 되어 은행은 기업을 하는 사람들에게 돈을 빌려줄 수 있고, 이 돈은 나라 경제에 도움을 줄 수 있다.

이러한 저축을 통해 추가로 얻을 수 있는 장점은 금융회사 등으로부터 이자를 받을 수 있어서 보유 자산이 늘어날 수 있고, 저축을 하면 할수록 신용도가 높아져 급한 돈이 필요할 때 낮은 금리로 대출을 받을 수 있고, 노후나 경기 침체 등이 발생하더라도 보다 안정적인 생활을 할 수 있게 해준다는 점 등이 있다.

저축상품

저축을 통해 목돈을 만들고자 할 때는 금융회사의 다양한 저축상품 중에서 안전하면서 이자율이 높은 것을 찾아 가입하는 것이 유리하다. 예금은 크게 요구불예금과 저축성예금으로 구분할 수 있다. 요구불예금은 예금자의 지급 청구가 있으면 조건 없이 지급해야 하는 예금으로 고객의 지급 결제 편의 도모 또는 일시적 보관 목적으로 활용된다. 당좌예금, 보통예금, 공공예금, 국고 예금 등이 요구불예금에 해당한다. 저축성예금은 저축 및 이자 수입을 주된 목적으로 하며 예금의 납입 및 인출 방법에 대해 특정한 조건이 있는 예금이다. 정기예금, 금전신탁과 같은 거치식 예금, 정기적금과 같은 적립식 예금이 저축성 예금에 해당한다.

요구불예금

보통예금은 일반적으로 거래 대상, 예치 금액, 예치 기간, 입출금 횟수 등에 대한 제한 없이 자유롭게 거래할 수 있는 예금이다.

당좌예금은 은행과 당좌거래계약을 체결한 자가 일반 상거래로 취득한 자금을 은행에 예치하고, 그 예금 잔액 범위 내에서 거래 은행을 지급인으로 하는 당좌수표 또는 거래 은행에 지급 장소로 하는 약속어음을 발행할 수 있는 예금이다. 이자는 없으며 가입대상은 신용과 자산 상태가 양호하다고 인정되는 법인 또는 사업자등록증을 소지한 개인으로 구체적인 거래 대상 기준은 은행마다 다르다.

MMDA

MMDA(money market deposit account)는 입출금이 자유롭고 각종 이체와 결제도 할 수 있으며, 예금자보호법에 의해 5,000만 원 한도 내에서 보호를 받을 수 있다. 이 상품은 고객이 은행에 맡긴 자금을 단기금융상품에 투자해 얻은 이익을 이자로 지급하는 구조로 되어 있다.

저축성예금

정기예금은 목돈을 일정 기간 은행에 넣어 두면 만기일에 약속된 이자와 함께 원금을 돌려받는 예금이며 만기일이 길어질수록 더 높은 이자를 받게 된다. 예금자가 이자 수취를 목적으로 예치 기간을 사전에 약정하여 일정 금액을 예치하는 기한부 예금이라고 할 수 있다. 정기적금은 일정한 금액을 정기적으로 예금하고 만기가 되면 원금과 이자를 합하여 약속된 금액을 돌려받는 예금으로 만기일이 길어질수록 더 높은 이자를 받을 수 있다.

일반적으로 기간이 길고 목돈을 고정적으로 맡겨 둘 경우가 이자율이 더 높다. 그래서 수시로 입출금이 가능한 보통예금보다는 정기적금이, 정기적금보다는 정기예금이 이자율이 더 높은 경우가 많다. 또한, 같은 정기예금이라도 1년짜리 정기예금보다는 3년짜리 정기예금의 이자율이 높은 경우가 많다. 그러나 장기간의 정기예금만 가입한다고 해서 이자 소득이 높다고는 할 수 없다. 시중 금리가 내려가는 추세라면 높은 이자율의 정기예금을 장기로 가입하는 것이 좋지만, 시중 금리가 오를 때에는 1년짜리 정기예금을 들었다가 만기 후 더 높은 이자율로 정기예금에 가입하는 것이 유리할 수 있다.

주택청약종합저축

주택청약종합저축은 신규 분양 아파트 청약에 필요한 저축으로서 2009년 기존의 청약 저축, 청약부금, 청약예금의 기능을 묶어 출시되었다. 전 금융회사를 통해 1인 1계좌만 개설할 수 있다.

가입은 주택 소유 및 세대주 여부, 나이 등과 관계없이 누구나 가능하다. 청약 자격은 만 19세 이상이어야 하고 19세 미만이면 세대주만 가능하다. 매월 2만 원에서 50만 원까지 자유롭게 납부할 수 있고, 잔액이 1,500만 원 미만이면 월 50만 원을 초과하여 잔액 1,500만 원까지 일시 예치도 가능하다. 약정이율은 최대 1.8%이며, 납입 기간은 별도의 만기 없이 국민주택이나 민영주택 입주자로 선정될 때까지이다. 중도인출은 불가능하고 예금보험공사의 예금자보호법에 따라 보호되지는 않으나, 국민주택기금의 조성 재원으로 정부가 관리한다.

주택청약종합저축의 장점은 연말정산에서 소득공제를 받을 수 있다는 것이다. 연간 소득 7천만 원 이하 근로자인 무주택 세대주는 해당연도 주택청약종합저축 납부금액(연간 240만 원 한도)의 40%(최대 96만 원 한도)까지 소득공제를 받을 수 있다. 청약이 가능한 주택은 국민주택과 민영주택으로 구분된다. 국민주택은 국가, 지방자치단체, 대한주택공사, 지방공사가 건설하는 전용 면적 85㎡ 이하 주택이고 민영주택은 국민주택을 제외한 주택으로 주거 전용 면적에 따라 청약 예치 기준금액이 달라진다.

청년우대형 주택청약종합저축

청년우대형 주택청약종합저축은 청년들이 내 집이나 전셋집을 마련하고자 할 때, 도움을 주기 위해 국토교통부가 2018년에 출시한 상품으로 기존 주택청약종합저축의 청약 기능과 소득공제 혜택은 같되 재형 기능을 강화한 것이 특징이다. 즉, 매월 2만 원에서 50만 원까지 자유롭게 납입할 수 있고, 무주택 세대주에게 납입금액 기준 연 240만 원 한도로 40%까지 소득공제가 된다. 또한, 기존 주택청약종합저축의 금리보다 1.5%P 높은 금리를 적용한다. 세대원 전원이 무주택 등 세법상 요구

조건을 만족하면 이자 소득에 대해 비과세를 제공한다. 또한, 가입한지 2년 이상 지나면 최대 10년의 이자 소득에 대해 500만 원까지 비과세 혜택을 받을 수도 있다.

저축상품 선택 시 고려사항

1. 주거래은행 정하기

예금액, 대출액, 신용카드 사용액 등 해당 은행과의 거래 실적은 고객에 대한 은행의 평가를 높이는 주요 요소이다. 예금, 대출, 신용카드 등을 한 은행에 집중하여 거래하면 고객에 대한 은행의 평가가 좋아져 대출을 받을 때 금리를 우대해 주거나 각종 수수료 면제 등의 혜택을 받을 수 있다.

2. 세금 우대 활용하기

비과세종합저축(이자소득세 14%, 지방소득세 1.4% 면제)의 가입대상은 만 65세 이상, 장애인, 독립유공자(유가족 포함), 기초생활 보장 수급자 등이며 가입할 수 있는 한도는 전 금융회사를 합산하여 1인당 5천만 원으로 본인의 잔여 한도는 거래 은행에서 확인할 수 있다.

3. 만기된 예금과 적금 바로 찾기

정기예금이나 정기적금의 약정금리는 원칙적으로 가입 시부터 만기까지만 적용되며, 만기일 이후부터는 약정금리에 훨씬 못 미치는 만기 후 금리가 적용된다. 따라서 만기가 된 예금과 적금을 그대로 둘 경우 정상적인 이자를 받을 수 있는 기회를 포기하는 것이므로 만기에 도달하면 새로운 예금에 가입하는 것이 유리하다.

4. 다른 계좌로 착오 송금한 경우

계좌번호를 잘못 입력하는 등의 착오로 다른 계좌에 송금하거나 이체하는 경우에는 일방적으로 거래를 취소할 수는 없다.

이체한 은행에 잘못 송금된 사실을 알려 수취은행 및 수취인에게 이 사실을 알린 후 수취인의 반환을 기다려야 한다. 만약 수취인이 반환을 거부하는 경우 과거에는 송금인이 소송을 통해 돌려받아야 해서 비용과 시간에 대한 부담이 많았다.

그러나 2021년 7월부터는 '착오송금 반환지원제도'가 시행됨에 따라 송금인이 예금보험공사에 반환지원제도 이용을 신청하면, 예금보험공사가 수취인에게 착오송금 반환을 안내하고, 필요시 법원의 지급명령 등을 통해 회수하여 관련 비용을 차감하고 송금인에게 돌려줄 수 있게 되었다.

무엇이든, 그냥 하는 사람은 열심히 하는 사람을 당할 수 없고,
열심히 하는 사람은 즐겨서 하는 사람을 당할 수 없고,
즐겨서 하는 사람은 미쳐서 하는 사람을 당할 수 없다!

인간의 3가지 좋은 습관
일하는 습관
운동하는 습관
공부하는 습관

인간을 감동시키는 3가지 액체
땀
눈물
피

3가지 만남의 복
부모
스승(멘토)
배우자

남에게 주어야 할 3가지
필요한 이에게 도움
슬퍼하는 이에게 위안
가치 있는 올바른 평가

내가 진정 사랑해야 할 세 사람
현명한 사람
덕 있는 사람
순수한 사람

반드시 소유해야 할 3가지
건강
재산
친구/배우자

인생의 3가지 후회
참을걸
즐길걸
베풀걸

살면서 한 번 놓치면 다시 돌아오지 않는 3가지
시간
말
기회

살아가는데 가장 가치 있는 3가지
사랑
자신감
긍정적 사고

성공적인 사람을 만들어 주는 3가지

근면

진실성

헌신과 집념

실패하는 사람을 만들어 주는 3가지

술(폭주)

자만

화냄

인생에서 한 번 무너지면 다시 쌓을 수 없는 것 3가지

존경

신뢰

우정

– 글 출처 : 카카오스토리 – 한 줄의 행복

※ 필자의 카톡 친구(3,550명)분들이 가장 좋아하시는 글귀입니다. 카톡 프로필로 설
정해 놓으신 분들이 많이 있습니다.

투자 완전 뽀개기, 이 정도는 알고 투자하라

돈을 불리는 방법에는 저축과 투자가 있다. 더 나아가 투자는 크게 주식과 펀드로 구분한다. 주식은 개인이 직접 투자 종목을 선택하여 투자하는 것이고 펀드는 투자 전문가인 펀드매니저가 사람들로부터 자금을 모아서 주식, 채권, 부동산 등에 대신 투자해 주는 상품이다. 우선 주식을 중심으로 투자에 대해 알아보자. 일반 사람들이 주식 투자를 하면서 흔히 저지르는 실수는 다음과 같다.

첫째, 가격 변동이 심한 주식만 거래한다.
확실히 빠르게 자산을 늘리려면 가격 변동이 심한 주식을 사는 것이 효과적일 수 있다. 그렇지만 가격 변동이 심한 주식의 경우 기관 투자자와 이른바 큰손 등 전문가들이 개입하고 있을 개연성이 높아서 아마추어가 주식 투자 차익을 실현하기에는 한계가 있다. 따라서 변동성이 큰 주식은 주린이(주식과 어린이를 합친 말로 주식투자 초보자를 뜻하는 신조어)라면 피하는 것이 좋다.

둘째, 호재 발표 직전에 사 버린다.

앞에서 언급한 신안 앞바다 무역선 사례를 생각하면 쉽게 이해가 될 것이다. 주식 초보자인 주린이들이 실수하는 방법이며 대표적인 주식 투자 실패사례이다. 기업의 결산 내용을 기대하고 호재 발표 직전에 구입하여 이익을 얻으려고 하는 것은 매우 위험한 투자 방법이다. 확실히 좋은 실적이나 호재에 따라 결산 발표 다음 날 주가가 오르기도 하지만, 상향 등의 주가에 큰 영향을 미칠 긍정적인 정보는 결산 1주일 정도 전에 발표되는 것이 일반적이다. 반대로 하향 등 부정적인 정보는 결산 당일에 발표되는 일도 비일비재하다.

셋째, 주가가 내리면 안심하고 사고 주가가 더 내려가기 시작하면 불안해하며 판다.

계속 내려가는 주식을 사는 것은 매우 위험하지만 싸게 사서

비싸게 파는 것이 주식 투자의 기본이다. 눈앞의 주가의 오르내림에 현혹되지 않고 자신의 감정을 잘 조절하여 약간의 손실에는 대수롭지 않게 생각하는 마음의 자세가 필요하다. 그러나 자신의 손절매 허용 범위를 초과하여 주가가 하락하는 경우에는 곧바로 손절매하는 것이 좋아 보인다.

넷째, 이 주식은 반드시 오를 것이라는 막연한 이유로 산다.

이 또한 주식 투자의 실패사례이다. 주식변동 차트를 보고 이 종목은 오를 것이라는 자신의 감각을 근거로 주식을 사는 것은 바람직하지 않아 보인다. 사업 내용은커녕 회사 이름조차 들어본 적 없는 것 같은 기업의 주식을 사 버리는 사람도 적지 않다. 데이 트레이딩이나 스윙 트레이딩 등과 같이 주식변동 차트에 중점을 둔 투자 스타일이라면 별다른 문제가 없어 보이지만, 그렇지 않은 경우에는 차트는 어디까지나 보조적인 지표로만 활용하여야 한다.

그러면 이러한 투자 실패의 전철을 밟지 않고 성공 투자를 하기 위해서는 무엇이 필요할까?

바로 투자에 대해서 제대로 아는 것이다. 아는 것이 힘인 것이다. 이러한 지식은 든든한 버팀목이 되어서 우리의 재산을 지켜줄 것이다.

투자의 개념

투자란 이익을 얻을 목적으로 돈을 대거나 시간이나 정성을 쏟는 것으로, 상품이나 물품의 정상적인 가격 변동에서 발생하는 차익의 실현을 목적으로 하는 거래행위를 말한다. 나중에 자신에게 돌아오는 이득을 기대하며 공장, 기계, 건물이나 원료, 제품 등의 생산 활동에 돈을 들이는 것이다.

은행에서 받는 이자보다 더 많은 이익을 얻기 위해 적극적으로 돈을 불려 나가는 것도 투자라고 한다. 투자를 할 수 있는 상품은 다양하다. 건물이나 상점을 사서 세를 놓을 수도 있고, 금이나 은 같은 귀금속 또는 농산물에 투자할 수도 있다. 또한, 금융상품에도 투자할 수 있다. 금융상품은 투자한 원금의 손실 가능성 여부에 따라 원금손실이 가능한 금융투자상품과 원금손실이 없는 비금융투자상품으로 구분된다. 비금융투자상품으로는 예금상품, 대부분의 보험상품 등이 있고, 대표적인 금융투자상품은 주식, 채권, 부동산, 펀드와 파생상품 등이 있다.

투기의 개념

투기는 금융상품이나 물품 그 자체의 정상적 매매차익보다는 의도적인 가격 조작이나 허위의 가격 형성을 유도하여 비정상적인 시세 차익을 유도하는 거래행위이다.

우리가 투기에 대해 배울 수 있는 사례가 있어 소개하려고 한다. 바로 튤립버블이다. 튤립버블은 17세기 네덜란드의 튤립이 막대한 부를 창출할 수 있다는 소문이 확산되면서 튤립 가격이 치솟고 전역에 투기 열풍이 불었다. 역사상 최초의 자본주의적 투기라 전해진다.

당시 네덜란드는 작물산업의 호황과 동인도회사 등에 기초한 풍부한 재정에 힘입어 유럽에서 가장 높은 1인당 국민소득을 기록했고, 이로 인해 부에 대한 개인들의 과시욕이 상승하면서 튤립 투기가 발생하게 되었다. 원래 튤립 시장은 전문가와 생상자 중심으로 거래가 형성되는 것이었지만, 당시 귀족과 신흥 부자를 비롯해 일반인 사이에서도 튤립 투기 수요가 엄청나게 증가하면서 튤립 가격이 1개월 만에 50배나 뛰는 일이 발생했다. 그러나 튤립에 대한 네덜란드인의 뜨거운 열정은 오래 가지 못하였다. 1637년 2월 3일 튤립 시장이 무너졌다. 튤립 거래의 중심지였던 하를렘에는 더 이상 살 사람이 없다는 소문이 나돌았고, 법원에서 튤립의 재산적 가치를 인정할 수 없다는 판결이 나오면서 버블이 순식간에 꺼졌으며, 튤립 가격은 최고치 대비 수천 분의 1 수준으로 폭락했다. 이처럼 순식간에 버블이 꺼진 것은 꽃을 감상하려는 실수요보다는 가격 상승을 노린 투기 수요가 대다수였기 때문이었다.

요컨대, 튤립 투기 당시 네덜란드인들은 튤립 자체의 아름다움이나 가치는 무시한 채 비정상적으로 높은 이익을 얻기 위한 수단으로만 생각했다. 이와 같이 비정상적으로 높은 수익을 얻기 위해 많은 위험을 무릅쓰는 경제 활동을 투기라고 한다.

투자에 있어 고려해야 할 요소

투자를 하면서 고려해야 할 요소는 크게 안전성, 수익성과 유동성이다. 투자 행위는 안전하게 투자 원금을 회수할 수 있느냐 하는 안전성(위험성)의 문제, 높은 수익이 보장되느냐 하는 수익성의 문제, 현금이 긴급하게 필요할 때 회수할 수 있느냐

하는 유동성의 문제가 있다.

투자의 위험

확정된 수익률이 정해진 저축과 달리 투자의 경우에는 앞으로 어떤 결과가 발생할지 모르는 불확실성 때문에 리스크가 수반된다. 리스크가 크다는 것은 투자 결과의 변동 폭이 크다는 의미로, 일반적으로 리스크가 클수록 기대수익률도 높다. 이런 투자의 특성을 '고위험 고수익(high risk high return)'이라고 한다.

기대수익률(expected return)이란 미래에 평균적으로 예상되는 수익률을 의미하므로, 실제 투자 결과로 발생하는 사후적 수익률, 실현수익률을 의미하지는 않는다. 따라서 리스크가 큰 투자가 높은 수익률을 보장한다고 이해해서는 안 되며, 기대수익률이 높아야만 투자자들이 기꺼이 리스크를 부담하여 투자하게 된다는 의미로 이해하면 된다.

대표적인 금융투자상품

1. 주식

주식은 주식회사가 발행한 출자증권으로서 주식회사는 주주들에게 자본금 명목으로 돈을 받고 그 대가로 주식을 발행한다. 주식은 기업에 대한 소유 지분권을 나타내는 증권이므로 주식 소유자는 주주로서 회사의 중요사항에 대하여 의사결정에 참여할 수 있다.

○ **주식 투자의 이익**

주식 투자를 통해 얻을 수 있는 수익에는 자본이득과 배당금이 있다. 자본이득은 주식의 매매차익으로 주식의 가격이 변동하여 차익이 발생하는 것을 의미한다. 배당금은 기업에 이익이 발생할 경우 주주에게 나누어 주는 돈으로 주식회사는 사업연도가 끝나고 결산을 한 후에 이익이 남으면 주주들에게 배당금을 분배한다.

○ **주식 투자의 위험**

주식을 발행한 회사가 파산할 경우에는 주식 가치만큼의 투자금을 잃게 되는 위험도 있다.

2. 채권

채권은 국가, 은행, 회사 등이 일반 국민으로부터 돈을 빌리기 위해 발행하는 증권이다. 채권은 일정 기간 이자를 제공하고 만기에 원금을 갚는다는 증서이기 때문에 채권 투자를 할 경우 일정한 이자를 받을 수 있다. 채권 투자는 만기 상환 전이라도 판매가 가능하다는 점에서 환금성이 높은 편이다. 그러나 수익성이 주식보다 낮은 편이고, 채권 발행 회사가 파산할 경우 빌려준 돈을 받지 못할 위험도 있다.

3. 부동산

부동산 투자는 아파트, 토지 등에 대한 투자로 임대 수익과 가격 상승에 따른 이익을 동시에 누릴 수 있어 우리나라에서 가장 선호해 온 투자수단이지만 환금성이 떨어지는 단점이 있다.

4. 펀드

펀드란 투자자로부터 모은 자금을 자산운용회사가 주식, 채권 및 부동산 등에 투자하여 운용한 후 그 결과를 돌려주는 간접 투자 상품이다. 펀드 투자에 대한 책임은 투자자 본인에게 있으므로 펀드의 특징이나 내용을 잘 확인한 후 투자해야 한다. 펀드의 이점은 다음과 같다. 주식이나 채권 등에 직접 투자하려면 일반적으로 많은 돈이 필요하지만, 펀드를 통한 간접 투자는 적은 돈으로도 할 수 있다. 펀드는 주식 및 채권 등 여러 종목에 분산하여 투자하기 때문에 집중 투자에 따른 위험을 줄일 수 있다. 주식, 채권 및 부동산 등에 전문 지식을 가진 전문

인력(펀드매니저)이 투자를 대신 해준다.

5. 파생상품

파생상품이란 주식과 채권 등 전통적인 금융상품을 기초자산으로 하여 기초자산의 가치변동에 따라 가격이 결정되는 금융상품을 말한다. 그 가치가 기초자산의 가치가 변동함으로써 파생되어 결정된다는 점을 감안하여 '파생상품'이란 이름이 붙여졌다.

파생상품 거래의 대상이 되는 기초자산은 주식·채권·통화 등의 금융상품, 농·수·축산물 등의 일반상품 등이 있으며, 파생상품을 기초자산으로 하는 파생상품(옵션선물, 선물옵션, 스왑옵션 등)도 가능하다.

대표적인 파생상품으로는 선도거래, 선물, 옵션, 스왑 등이 있다. 파생상품은 가격 외의 거래조건을 표준화하여 거래소에서 거래되는 장내파생상품(선물, 옵션)과 거래소 밖에서 거래되는 장외파생상품(선도, 스왑 등)으로 구분할 수 있다. 파생상품의 주요목적은 위험을 감소시키는 해지(hedge) 기능이지만 레버리지 기능, 파생상품을 합성하여 새로운 금융상품을 만들어내는 신금융상품 창조 기능 등이 있다.

'손자병법'에 지피지기 백전불태(知彼知己 百戰不殆)라는 말이 있다.

"적을 알고 나를 알면 백 번 싸워도 위태로울 것이 없다."

우리가 하는 투자를 잘 알고 하면 위태로울 것이 없을 것이다.

월스트리트, 미국 뉴욕시 맨해튼 남부에 위치한 금융가

억지로라도 웃어라

일어나자마자 웃어라

시간을 정해 놓고 웃어라

마음까지 웃어라

즐거운 생각을 하며 웃어라

함께 웃어라. 혼자 웃는 것보다 33배 효과가 좋다

힘들 때 더 웃어라

한번 웃고 또 웃어라

꿈을 이루었을 때를 상상하며 웃어라

글 출처 : 카카오스토리 - 좋은 글귀와 명언

웃는 모습은 누구나 아름답습니다.

"너는 웃는 게 예뻐"

주변 친구들에게 말해보면 어떨까요?

이제 야생이다.
실전 안전 투자법

30이 되기 전에 1억을 모아라

'역대 노벨상 수상자의 23%는 유대인, 미국 100대 기업의 40%는 유대인 소유!'

구글, 코카콜라, 인텔, IBM은 유대인이 만든 세계적인 기업이다. 유대인인 스티브 잡스, 마크 저커버그, 스티븐 스필버그는 세상을 바꾸었고, 유대인이 창업한 로스차일드, 록펠러, 골드만삭스, JP 모건은 세계 금융을 지배하고 있다. 유대인이 세계적인 기업과 금융을 지배하는 데는 특별한 그들만의 전통이 있다. 유대인은 자녀가 13세가 되면 '바르 미쯔마(Bar Mitzvah)'라고 불리는 성인식을 행한다. 이때 주는 3가지 선물이 있는데 토라(성경), 시계, 통장이라고 한다. 통장은 축의금을 모아 5천만 원 정도 되는 돈을 자녀의 이름으로 된 통장에 넣어준다. 성인이 된 아이가 대학을 졸업할 때 창업 등의 자금으로 쓸 수 있도록 펀드나 장기저축을 해준다고 한다. 유대인은 어릴 때부터 돈에 대한 가치관을 직접 체험할 수 있도록 그들만의 문화를 이어오고 있다.

쑤린 작가는 『유대인 생각 공부』에서 유대인의 돈에 대한 습성을 다음과 같이 말했다.

"유대인은 언제 어디서나 그들의 지혜를 돈과 연결시킨다. 어떤 것이든 유대인의 손에 들어가면 돈과 인연을 맺는다. 그들은 일찌감치 문화와 예술을 포함한 모든 분야를 상품으로 만들었다. 유대인에게 돈을 버는 것은 하나의 신앙이자 삶의 목적이며 존재 이유다. 이처럼 유대인은 천재적 재능을 부와 융합하였다. 유대인은 언제 어디서나 어떻게 하면 돈을 벌 수 있을까를 생각한다."

만약, 우리도 유대인처럼 성인식 때 5천만 원을 받고 항상 돈 벌 궁리를 하면 30이 되기 전에 1억 모으기는 훨씬 더 쉬울 것이다. 아쉽게도 우리의 현실은 그렇지 못한 경우가 대부분이다. 어릴 적 받은 세뱃돈은 어머니 주머니로 맡기는 순간 더 이상 내 돈이 아닌 경우가 많다. 그런 우리가 서른 살이 되기 전에 1억을 모으려면 어떻게 해야 할까? 지금부터 그 노하우를 하나씩 알아보기로 하자.

종잣돈 만들기가 중요한 이유

나는 1997년 말 IMF 외환위기 때 경북 영천에 있는 구조조정 대상 저축은행에서 감독관 역할을 수행한 적이 있었다. 감독관은 매일매일의 자금집행 내용도 점검한다. 그러던 어느 날 나는 지급전표를 보고 깜짝 놀랐다. 저축은행 예금자인 어느 시장 상인에게 이자를 지급하는 지급전표에는 정확히 700만 원 정도의 금액이 적혀 있었다. 그는 저축은행에 3억 원 정도를 정기예금으로 맡겨 놓았는데 그 당시 예금 금리가 연 31% 정도여서 매달 이자로 700만 원 넘게 받아가고 있었다. 그 당시 미혼이었던 나로서는 어떻게 하면 저렇게 큰돈을 받아 갈 수 있을까? 라는 생각이 들었고 그 상인이 이루어 놓은 부(富)가 많이 부러웠다. 지금도 그 지급전표가 눈에 선하다.

한편, IMF 외환위기 당시 나는 마포구 성산동에 있는 어느 아파트에 전세로 살고 있었다. 평소에는 2~3억 원 정도 하는 아파트였는데 외환위기가 발생하자 매매가가 6천만 원 정도로 폭락했다. 그때 여유자금을 가지고 있던 나의 회사 동료는 기다렸다는 듯이 너무나 쉽게 아파트 한 채를 구매했다. 그 광경을 보고 나는 정신이 번쩍 났다.

"세상은 이렇게 돌아가는구나! 지금과 같은 위기의 시대에도 누군가는 쉴 새 없이 돈을 벌어들이는구나! 이래서 종잣돈이 중요하구나!"

그 당시 나에게 7천만 원만 있었어도 아파트 한 채를 살 수 있었을 것이다. 요즘처럼 자산가격이 폭등하는 시기이면 '나도 경제적 자유를 달성했을 수 있었을 텐데'라는 아쉬움이 든다.

미래 수입원을 만드는 소득 파이프라인 만들기

소득 파이프라인은 송유관에서 유래한 단어이다. 파이프라인은 전국 각지에 흩어져있는 천연가스·석유 생산시설에서 만들어진 결과물을 저장고로 이동시키기 위해 사용되고 여러 곳에서 한 곳으로 연결되는 특성이 있다. 마찬가지로 소득 파이프라인도 자신의 수입원을 직장 한 곳으로 제한하지 않고 2~3 곳 혹은 그 이상의 수입원을 새롭게 만들어 어느 한쪽의 수입이 감소하더라도 안정적인 삶을 유지할 수 있게 해준다.

내가 제안하는 소득 파이프라인 만드는 법 3가지는 간단하다. 첫째, '잠자는 동안에도 돈이 들어오게 하라'이고, 둘째, 'N잡러가 되라', 마지막으로 '책을 써라'이다.

먼저 '잠자는 동안에도 돈이 들어오게 하라'에 대해 살펴보자.
이한영 작가는 『시대의 1등 주를 찾아라. 1등 펀드매니저처럼 생각하고 투자하는 법』에서 시대의 흐름을 탄 회사의 주가가 왜 상승했는지 실제 사건을 바탕으로 다음과 같이 말했다.

"아무리 잘 나가는 대형주라도 큰 흐름을 만나지 못하면 시장의 관심을 받을 수 없다. 2020년에 SK이노베이션, 카카오, 삼성전자가 만들어 낸 높은 수익률은 모두 이 흐름을 제대로 만난 결과였다. 2차전지, 플랫폼, 반도체 등의 산업이 돌아가며 시장을 이끌었는데 이때 각 산업을 대표하는 1등 주식이 차례로 큰 수익을 냈다."

이처럼 성장 가능성이 높은 기업에 투자하는 것은 기업이 성장함에 따라 자신의 자산도 늘어날 수 있는 좋은 기회가 될 것이다.

투자의 귀재 워런 버핏이 추천한 해외 ETF가 요즘 시중에 회자되고 있다. 흥미로운 것은 해외 ETF에 투자하면 어느 회사가 가장 성공할 회사인지, 어느 산업이 성공할 산업인지, 어떤 기업이 살아남을지 예측에 실패하더라도 잘 분산된 주식들을 통해 자본주의의 성공, 미국의 성공에 올라탈 수 있다는 점이다. 아울러 월 배당 ETF에 투자하면 배당금으로 파이프라인을 구축할 수 있는 장점도 있다.

나는 "주식 투자는 매입 주가와 상관없이 장기투자로 수익을 기대하는 것이다."라고 생각한다. 약 10년 뒤에 10배 정도 주가가 오를 것이라는 기대를 하면서 적금 붓듯 적립식 매수를 하면 괜찮을 것이다.

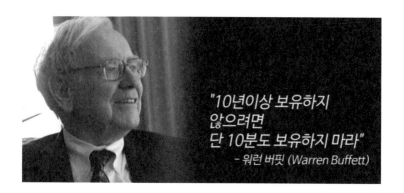

"10년이상 보유하지 않으려면 단 10분도 보유하지 마라"
- 워런 버핏 (Warren Buffett)

두 번째는 'N잡러가 돼라'이다. 우리는 언젠가는 은퇴를 한다. 은퇴 후에도 경제생활을 해야 하므로 직장인들은 N잡러를 꿈꾼다. N잡러는 2개 이상 복수를 뜻하는 'N'과 직업을 뜻하는 'Job', 사람을 뜻하는 '~러(er)'가 합쳐진 신조어로 '여러 직업을 가진 사람'이란 뜻이다. 본업 외에도 여러 부업과 취미활동을 즐기며 시대 변화에 언제든 대응할 수 있도록 전업(轉業)이나 겸업(兼業)을 하는 이들을 말한다.

직장인 10명 중 5명은 'N잡러'이며 현재 N잡러가 아닌 이들도 상당수가 N잡러를 희망하고 있는 것으로 나타났다. 지식공유플랫폼 해피칼리지는 직장인 1020명을 대상으로 진행한 '직장인 N잡러'에 대한 설문 조사 결과를 발표했다. 그 결과 '2개 이상의 직업이 있는 N잡러인가'라는 질문에 절반에 가까운 49.2%가 N잡러라고 답했다. N잡러의 유형에는 '재능공유 등 비대면 아르바이트', '인플루언서 활동', '서비스직 등 출근형 아르바이트', '강의·출판', '쇼핑몰 등 온라인 사업', '가게 등 오프라인 사업', '배달 등 O2O 플랫폼 아르바이트' 등이 있었다.

N잡러를 하는 이유로는 '돈을 벌기 위해', '제2의 인생 대비', '즐길 수 있는 일을 하려고', '자기만족과 자아실현', '시대 변화에 맞는 일을 찾으려고', '취업난 대비' 등이었다.

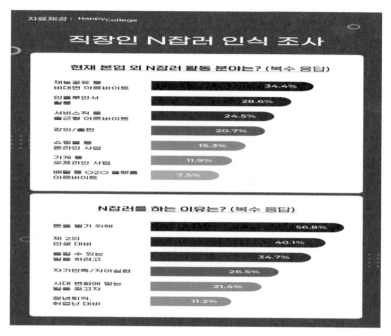

자료 출처 : Happy College

이러한 'N잡러' 현상은 자신이 가지고 있는 재능을 한껏 발휘할 수 있다는 측면에서 긍정적으로 생각한다. 이러한 재능을 선천적으로 타고난 사람들이 있는가 하면, 후천적인 노력으로 재능을 얻어낸 사람들도 있다. 후천적 노력을 통해 재능을 습득하는 것은 자신의 재능을 현실적으로 생각해보면서 자신이 처한 다양한 상황을 개선하기 위해 최선의 노력을 하여 자신의 삶을 만들어 가려는 몸부림이라고 생각한다.

N잡러

마지막으로 '책을 써라'이다.

책을 쓰면 온라인과 오프라인을 망라하여 그 분야의 전문가로 인정받게 된다. 또한, 나만의 경쟁력이 생기고 인세 수입금은 보너스다. 나는 2020년 10월에 고려대 평생교육원에서 운영하는 고려대 명강사최고위과정에 입학하여 2021년 1월에 수료하였다. 동 과정에는 『명강사 25시』라는 공저 책을 쓰는 프로그램이 있다. 이 과정에서 공저에 참여하여 〈엄~청 중요한 금융정보 "생생 금융통!!"〉이라는 제목의 글을 써서 작가로 데뷔하였다.

나는 2020년 9월에 공공기관 외부면접관을 교육하는 기관인 KCA한국컨설턴트사관학교에서 외부면접관 교육을 들었다. 이 과정을 계기로『미래 유망 기술과 경영』이라는 공저 책에 참여하여 〈핀테크 금융기술 서비스〉라는 제목의 글을, 『메타버스를 타다』라는 공저 책에 참여하여 〈메타버스 시대 교육의 변화〉라는 글을, 그리고『N잡러 시대, N잡러 무작정 따라 하기』라는 공저 책에 참여하여 〈하늘은 스스로 노력하는 자를 돕는다(Heaven helps those who help themselves)〉라는 제목의 글을 썼다.

대통령비서실 연설비서관으로서『대통령의 글쓰기』, 『회장님의 글쓰기』를 쓴 바 있는 강원국 작가는 〈대통령 연설문 쓰는 남자, 강원국의 글쓰기〉라는 강의에서 책 쓰기에 대해서 다음과 같이 말했다.

"평균수명이 길어지면서 은퇴 후의 삶이 길어진 현실에서 은퇴 후에는 명함이 없고 소속이 없는 오랜 세월을 보내야 한다. 이때 필요한 것이 책이다."

"온전한 '나'를 위한 삶을 살아야 하는 은퇴 후의 여생은 자기만의 생각과 경험을 녹인 콘텐츠를 나누면서 살아야 한다. 내가 관심 있는 것, 잘 아는 것, 좋아하는 그 무엇이 책의 형

태로 있어야 한다. 자기만의 생각과 경험의 총체를 책으로
만들어라."

"직장생활 이후의 여생이 길어서 책이 없으면 살 수 없다. 자
기 콘텐츠가 있어야 하는 만인 저작의 시대가 도래할 것이
다."

강원국 작가

나는 4권의 공저 책을 쓴 경험이 있다. 그동안 직장생활하면
서 겪은 다양한 경험과 그 경험을 통해 얻은 노하우, 시사점과
교훈 등을 중심으로 글을 썼다. 나의 경험을 통해 얻은 나만의
인사이트는 독자에게 특별한 요소이기를 바란다. 앞으로도 다
음 세대를 위해 좋은 흔적을 남길 수 있는 책을 쓰고 싶다.

부의 창출공식을 알고 실전에 임하라

롭 무어는 『확신』이라는 책에서 부의 창출공식을 다음과 같이 설명한다.

$$부 = (가치 + 공정한\ 교환) \times 레버리지$$

가치란 다른 사람들에게 제공하는 서비스다. 만약 문제를 해결해 주고, 납득할 만한 서비스를 받은 사람이 다른 사람에게 소개해 준다면 당신은 더 높은 가치를 지니게 된다.

공정한 교환은 가치 있는 서비스를 제공하고 받은 대가이다. 여기에는 지속 가능한 이윤이 포함되어 있어야 한다. 그냥 공짜로 교육을 할 수는 있다. 하지만 지속 가능한 조건인지를 따져봐야 한다.

레버리지란 가치를 창출하는 규모와 속도, 영향력이다. 이 레버리지에 대한 개념은 강사의 강의 재창출 능력으로 이해하면 된다. 한두 번의 온라인 강의가 향후 어떤 영향력이 있을지 아무도 모른다. 조금이나마 도움이 되고 평판이 좋으면 다음에 또 다른 기회가 올 것이다. 온라인 강의를 하면서 작은 스킬들이 늘어났다. 짧은 동영상과 설명을 돕는 사진 자료가 조미료 역할을 해서 강의 재창출 능력에 도움이 된다.

롭 무어는 세 가지 부의 창출 요소(가치, 공정한 교환, 레버리지)에 균등하게 초점을 맞추라고 강조한다. 단 순서에 유의하라고 한다. 가치를 먼저 창출하고 공정한 교환을 이루고, 레버리지화 하는 것이다. 우리가 언제, 어디서, 무엇을 하더라도 이러한 부의 창출공식을 실천에 옮긴다면 경제적으로 자유로워질 것이라고 믿는다.

경제적인 자유

운이 없다고 생각하니까 운이 나빠지는 거야

길을 모르면 길을 찾고, 길이 없으면 길을 닦아야지

무슨 일이든 확신 90%와 자신감 10%로 밀고 나가는 거야

사업은 망해도 괜찮아. 신용을 잃으면 그걸로 끝이야.

나는 젊었을 때부터 새벽에 일어났어. 더 많이 일하려고…

나는 그저 부유한 노동자에 불과해

위대한 사회는 평등한 사회야. 노동자를 무시하면 안 돼

고정관념이 멍청이를 만드는 거야

성패는 일하는 사람의 자세에 달린 거야

아무라도 신념에 노력을 더하면 뭐든지 해낼 수 있는 거야

내 이름으로 일하면 책임 전가를 못하지

잘 먹고 잘살려고 태어난 게 아니야, 좋은 일을 해야지

더 바쁠수록 더 일할수록 더 힘이 나는 것은 신이 내린 축복인가 봐.

열심히 아끼고 모으면 큰 부자는 몰라도 작은 부자는 될 수 있어.

불가능하다고? 해보기는 했어?

시련이지 실패가 아니야!

글 출처 : 카카오스토리 – 아침 좋은 글

※ 필자가 울산에 있는 중학교에 다니던 시절, 재단 이사장님이셨던 정주영 회장님께
서 전교생이 모인 운동장에서 정기적으로 훈화(訓話)하셨던 장면을 떠올리며 정주
영 회장님의 어록을 소개합니다.

정주영 회장님

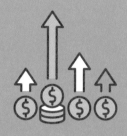

PART 5

20~30대의
재테크 전략이
인생을 좌우한다

20~30대, 나만의 금융 포트폴리오를 작성하라

"계란을 한 바구니에 담지 마라"

지금까지 투자의 '황금률(Golden rule)'로 여겨지고 있는 이 말은 국경을 넘는 단기성 외화거래에 부과하는 세금인 '토빈세'로도 유명한 경제학자 제임스 토빈(James Tobin)의 일화에서 비롯됐다. 토빈은 금융 포트폴리오 이론으로 해리 마코위츠(Harry M. Markowitz)의 포트폴리오 이론에 기여한 공로로 1981년 노벨경제학상을 수상했는데, 수상 직후 열린 기자회견에서 이 이론을 쉽게 설명해달라는 질문을 받고 대답한 말이다.

계란을 한 곳에 보관하면 실수로 떨어뜨렸을 때 전부 깨질 수 있듯, 투자할 때도 한 종목에만 투자하지 말라는 것이다. 포트폴리오의 원래 의미는 서류 가방, 자료수집철, 자료 묶음 등을 뜻하지만, 금융시장에서는 손실을 볼 위험을 줄이기 위해 여러 자산에 분산투자하는 것을 뜻한다.

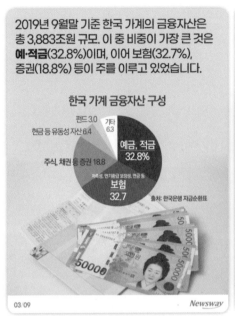

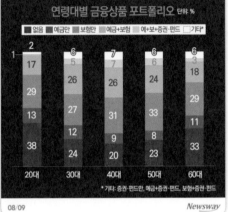

출처 : 뉴스웨이, '보통사람'들의 포트폴리오…. 뭘, 얼마나 갖고 있을까?, 2020.4.27.

2019년 9월 말 기준 한국 가계의 금융자산은 총 3,883조 원 규모. 이 중 비중이 가장 큰 것은 예·적금(32.8%)이며, 이어 보험 (32.7%), 증권(18.8%) 등이 주를 이루고 있었다.

나와 비슷한 세대의 금융자산 포트폴리오는 어떤 구성으로 이뤄져 있을까?

KB금융지주 경영연구소가 발표한 '연령대별 금융상품 보유

현황'을 살펴보면, '금융상품을 보유하고 있지 않다'라고 답한 비율이 20대는 38%, 60대는 33%로 해당 연령층에서 가장 많은 비중을 차지한다. 다른 연령대에 비해 소득이 불안정하며 안정적인 수입원이 없는 경우가 많기에 이러한 결과가 나왔다고 유추할 수 있다. 이에 반해 30~50대는 모두 '보험'만 보유한 비율이 가장 높으며, '예금과 보험'을 같이 보유한 비율이 그다음으로 높게 나타났다.

그러나 여기서 반전이 일어난다. 신한은행의 '2021년 보통 사람 금융 생활 보고서'(2021.4.)에 따르면 흥미로운 내용이 우리를 기다리고 있다. 경제활동 가구의 총자산액은 2018년 평균 4억 39만 원에서 2019년 4억 1997만 원, 2020년 4억 3809만 원으로 매년 4% 이상 꾸준히 증가했다. 자산별로 살펴보면 부동산은 2018년 75.9%에서 2020년 78%로 비중이 늘어났으나, 금융자산은 2018년 16.8%에서 2020년 14.7%로 감소했다. 금·자동차 등의 기타 실물자산은 지난 3년간 7%대로 유지되는 수준이었다.

금융자산은 2018년 평균 6723만 원에서 2019년 6942만 원으로 219만 원 증가했다가 2020년 6450만 원으로 감소해

2018년보다 더 줄어들었다.

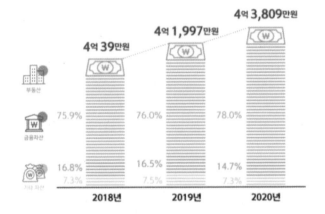

03 자산

■ 가구 내 평균 보유 자산

" 가구소득 감소에도 보유 자산 규모는 증가세,
부동산 비중은 점차 늘고, 금융자산 비중은 줄고 있어 **"**

4억 3,809만원

4억 1,997만원

4억 39만원

부동산 75.9%   76.0%   78.0%

금융자산 16.8%   16.5%   14.7%

기타 자산 7.3%   7.5%   7.3%

2018년   2019년   2020년

경제활동가구의 총자산액은 2018년 평균 4억 39만원에서 2019년 4억 1,997만원,
2020년 4억 3,809만원으로 매년 4% 이상 꾸준히 증가했다.

세부 자산별로 살펴보면 부동산은 2018년 75.9%에서 2020년 78%로 비중이 늘어났으나,
금융자산은 2018년 16.8%에서 2020년 14.7%로 감소했다. 금, 자동차 등의 기타 실물자산은
지난 3년간 7%대로 유지되는 수준이었다.

가구 내 평균 보유 자산
[출처] 신한은행 '2021년 보통사람 금융 생활 보고서' 2021.4.

주식 투자 열풍

2020년 주식 투자비율은 2019년 대비 전 연령층에 걸쳐 고루 증가했으며, 연령대가 낮을수록 주식 투자율이 더 높은 상승을 보였다. 특히 20대의 경우, 2019년 주식 투자율이 23.9%로 타 연령층 대비 가장 낮았지만 2020년에는 39.2%로 가장 높아져 전 연령대의 주식 투자율이 비슷해졌다. 2020년 주식 투자자 10명 중 7명은 2020년에 주식에 처음 가입하거나 신규 종목을 매수한 경험이 있다고 응답해 이례적인 투자 열풍을 보여주었다. 연령대별로는 20대 주식 거래자 중 85.8%가 2020년에 신규 투자비율이 높아 상대적으로 더 높은 관심을 보였다.

월 저축 포트폴리오를 보면, 2020년 월평균 주식 투자 금액은 49만 원으로 2019년(41만 원) 대비 20%(8만 원) 늘었다. 특히 20대는 2019년 월 저축액의 절반 이상을 적금·청약에 안정적으로 적립했는데, 2020년에는 적금과 보험 비중을 크게 낮추고 저축액의 10%만 투자하던 주식에 2020년에는 20%로 비중을 약 2배 가까이 늘렸다.

한편, 2021년 주식 투자를 위한 자금은 대체로 '모아둔 자금'이나 '소득'으로 마련했다. 하지만 주식시장에 가장 적극적으로 뛰어들었던 2030 젊은 층은 '금융상품을 해지'하거나 '대출'을 받아 투자한 비율이 상대적으로 높게 나타났다.

주식 투자자의 마이너스 통장 대출 잔액을 살펴보면 2019년과 큰 차이 없으나, 20대는 약 2배 정도 늘어나 주식 투자 자금을 마련하기 위해 대출을 활용했음을 짐작할 수 있다. 또한, 이들의 마이너스 통장 부채 잔액(131만 원)은 주식을 하지 않는 20대 대비 3.6배 더 많은 수준이었다.

20대는 향후 1년 내 가입 의향이 있는 금융상품 1순위로 2019년에 적금을 꼽았지만, 2020년에는 주식을 선택했다. 2021년에도 주식 투자 열풍은 계속될 것으로 예상했다. 2020년에 주식 투자를 하지 않았던 미투자자도 향후 1년 내 주식 투자 의향이 17.8%로, 특히 타 연령대 대비 20대가 가장 높아 20대의 금융 포트폴리오 변화는 지속될 전망이다.

부동산 신규 구입

2020년 한 해 동안 부동산 자산이 감소했다고 응답한 비율은 10명 중 1명에 그쳐 부동산 자산의 규모는 대부분 유지되거나 증가한 것으로 나타났다. 특히 자가 보유자가 부동산 자산이 증가했다는 응답이 31.6%로 월등히 높았는데, 전·월세 등 본인 명의의 주택 미보유자(16.0%) 대비 2배 더 높은 수준이었다. 2020년 부동산 자산이 증가한 이유로 '보유 부동산의 가치가 증가했다'라는 응답이 74.6%로 가장 높았고, 특히 고연령대에서 두드러졌다. 그 밖에 주거 안정성이 상대적으로 취약한 2030 젊은 층은 '전·월세 보증금 증가' 및 '부동산 신규 구입' 때문이라는 응답이 전체 평균 대비 높았다.

2019년에는 주택 구입 시, 평균 3억 1000만 원대의 비용이 들었으나, 2020년 주택 구입 시에는 평균 3억 9000만 원이 들어 1년 사이 주택 구입을 위해 약 7500만 원 정도가 더 필요했다. 2019년 자가주택 구입자는 집값의 약 절반 정도인 1억 5000만 원을 대출로 충당했고, 2020년에는 집값의 41.3%인 1억 6000만 원을 대출해 2019년과 금액 차가 크지 않았다.

2020년 자가 구입자와 자가 미보유자의 가구 소득을 비교해보면, 2020년 자가 구입자의 월평균 소득은 558만 원으로 자가 미보유자의 소득 375만 원보다 1.5배 더 많았다. 2020년 자가를 구입한 가구의 소득이 자가 미보유자 대비 최소 30% 이상 높아 경제력이 있는 가구만 집값 급등세 및 대출 규제에도 불구하고 내 집 마련을 시도했던 것을 알 수 있었다.

현재 자가가 없는 경우, 향후 자가 주택을 구입할 의향은

49.1%로 2019년 54.4% 대비 5.3%P 감소했다. 가구 소득이 높을수록 향후 자가 구입 의향이 높은데, 월 소득 700만 원 이상의 고소득층만 구입 의향이 2019년 대비 증가했고, 그 이하 소득 구간에서는 자가 구입 의향이 모두 감소했다. 향후 자가 주택을 구입할 의향이 없는 이유로 '경제적 여력 부족'이 월등히 높은데, 코로나19로 가계경제는 악화되고, 부동산 가격은 크게 상승해 저소득층의 구입 의향이 낮아질 수밖에 없었던 것으로 보인다.

2021년의 부동산 폭등과 주식 투자 열풍을 감안했을 때, 금융 포트폴리오는 어떻게 구성해야 할까?

소비 성향과 투자 성향을 파악하면 금융 포트폴리오를 만들수 있다. 소비 성향 점검은 지출을 고정지출(통신비, 교통비, 식비, 적금, 주택청약 등), 변동지출(쇼핑비, 유흥비, 경조사비 등), 소비성 지출(통신비, 교통비, 식비, 쇼핑비, 유흥비, 경조사비 등), 비소비성 지출(적금, 주택청약)로 나누어 한 달 지출을 살펴보는 것이다. 이 과정을 통해 소비 성향과 소비금액을 파악할 수 있다.

투자 성향은 안정형, 안정추구형, 위험 중립형, 성장추구형, 성장형으로 나눌 수 있다. 사회초년생인 20~30대에는 결혼자금 마련을 우선적으로 생각해서 종잣돈 모으기를 목표로 삼는 게 바람직하다고 생각한다. 또한, 20~30대에는 투자 가능 기간이 길고 손실이 나도 만회할 기회가 많기 때문에 주식과 펀드의 투자비율을 높여 포트폴리오를 구성하는 게 좋다. 뿐만 아니라, 노후에 대한 대비가 필요하기 때문에 연금저축과 연금보험에 가입하면 노후 준비에 유리하다.

나만의 금융 포트폴리오는 불확실한 미래에 내비게이션 역할을 한다

우리의 포트폴리오는 부동산, 금융자산 등 어느 하나로 특정하기보다는 전체 자산에서 각 자산의 비중을 어느 정도 수준으로 가져갈 것인지에 대한 기준을 세우고, 그 기준에 의해 자산을 적절히 배분해서 시장 상황에 따라 적절히 대응하는 포트폴리오를 구성하는 것이 위험은 낮추고 수익은 극대화할 수 있는 가장 효율적인 방법이다.

부동산의 장점은 안정성과 실물자산이기 때문에 최악의 경우 투자에 실패했을 때 소유주 본인이 해당 집에 거주하는 것으로 위험을 경감시킬 수 있다. 다만 환금성이 매우 낮고, 시장 분위기에 따라서 거래 가능 여부가 크게 영향을 받는다는 것은 단점이다.

금융자산에 투자하면 상대적으로 부동산에 비해 위험하지

만, 금융자산의 경우 최고 장점은 환금성이 뛰어나다는 것이다. 시장이 불황이면 부동산은 거래가 전혀 되지 않을 수도 있지만, 금융자산의 경우 어느 정도 손실을 감수하면 해당 자산을 매도해서 현금화할 수 있는 장점이 있다. 따라서 부동산과 금융자산은 자산의 성격이 다르기 때문에 어느 하나를 선택해서 하기보다는 전체 자산의 비중을 적절히 조절하는 포트폴리오 투자의 형태로 운영한다는 전략이 필요하다.

어릴 때는 나보다 중요한 사람이 없고,
나이 들면 나만큼 대단한 사람이 없으며,
늙고 나면 나보다 더 못한 사람이 없다.

돈에 맞춰 일하면 직업이고,
돈을 넘어 일하면 소명이다.

직업으로 일하면 월급을 받고,
소명으로 일하면 선물을 받는다.

칭찬에 익숙하면 비난에 마음이 흔들리고,
대접에 익숙하면 푸대접에 마음이 상한다.

문제는 익숙해져서 길들여진 내 마음이다.

집은 좁아도 같이 살 수 있지만,
사람 속이 좁으면 같이 못 산다.

내 힘으로 할 수 없는 일에 도전하지 않으면,
내 힘으로 갈 수 없는 곳에 이를 수 없다.

사실 나를 넘어서야 이곳을 떠나고,
나를 이겨내야 그곳에 이른다.

갈 만큼 갔다고 생각하는 곳에서
얼마나 더 갈 수 있는지 아무도 모르고,
참을 만큼 참았다고 생각하는 곳에서
얼마나 더 참을 수 있는지 누구도 모른다.

지옥을 만드는 방법은 간단하다.
가까이 있는 사람을 미워하면 된다.

천국을 만드는 방법도 간단하다.
가까이 있는 사람을 사랑하면 된다.

모든 것이 다 가까이에서 시작된다.
상처를 받을 것인지 말 것인지 내가 결정한다.
또 상처를 키울 것인지 말 것인지도 내가 결정한다.
그 사람 행동은 어쩔 수 없지만, 반응은 언제가 내 몫이다.

산고를 겪어야 새 생명이 태어나고,
꽃샘추위를 겪어야 봄이 오며,
어둠이 지나야 새벽이 온다.

거칠게 말할수록 거칠어지고,
음란하게 말할수록 음란해지며,
사납게 말할수록 사나워진다.

결국, 모든 것이 나로부터 시작되는 것이다.
나를 다스려야 뜻을 이룬다.

모든 것은 나 자신에 달려 있다.
인생에는 두 가지 규칙이 있다.

– 백범 김구 –

경제 관념을
인생 가치관으로 연결하라

사람들의 욕망은 무한한데 이것을 충족시켜줄 수 있는 돈이나 시간, 자원은 한정되어 있는 것을 가리켜 '자원의 희소성'이라고 한다. 부존된 자원에 비해 사람들의 수요가 더 커서 희소성이 발생하면 경제문제가 발생한다. 이러한 경제문제를 해결할 수 있는 방법 중의 하나가 경제 관념이다.

> "경제 관념은 재화나 노력, 시간 따위를 유효하게 쓰려고 하는 생각이다."

세계 최고 부호인 빌 게이츠와 워런 버핏이 받은 가정교육을

보면 어릴 적 경제교육이 경제 관념 형성에 얼마나 중요한지 알
수 있다. 부유한 빌 게이츠의 부모는 "많은 돈은 아이를 창의적
으로 자라지 못하게 한다"라는 철학을 갖고 있어, 아들에게 절
대로 돈을 넉넉히 주지 않았다. 이러한 부모 덕분에 빌 게이츠
는 마이크로소프트사를 설립할 수 있었다 해도 과언이 아니다.
워런 버핏의 부모 또한 아들이 집안일을 하지 않으면 용돈을 주
지 않았다. "많은 유산이 아이에게 일하는 즐거움을 빼앗아 간
다"라는 신념으로 경제 관념을 일깨워주었다.

**워런 버핏은 많은 돈을 벌기 위해서는 '돈에 관한 8가지 원
칙'을 꼭 기억해야 한다고 말한다.**

첫째, 빚을 피할 것, 특히 신용카드를 피할 것
버핏은 많은 이들이 빚 때문에 망하는 것을 보았다고 한다.
신용카드는 이자율이 높기 때문에 한번 쓰기 시작하면 돈이 줄
줄 새어 나간다. 본인도 젊은 시절에 신용카드로 대출을 받았
다면, 진작에 파산했을 거라고 말했다.

둘째, 건전한 금전 습관을 만들 것
젊을 때부터 저축 습관을 들여야 한다. 이걸 만들어놓지 않

는다면, 나이가 들어서 결코 돈을 모을 수 없게 된다.

셋째, 낮은 가격으로 높은 가치를 얻을 것

양말 한 켤레든, 주식 한 주든, 질 좋은 물건이 가격 인하되었을 때 사는 것을 추천했다. 같은 것을 사도 현명하게 사는 방법을 익혀야 더 많은 돈을 저축할 수 있다.

넷째, 돈을 잃지 말 것

전망 없는 투자를 하고 있는가? 그렇다면 투자를 그만두어야 한다. 손실을 보고 있다면, 수익은 말할 것도 없고 원금도 회복하기 어렵게 된다.

다섯째, 돈을 손안에 둘 것

안전을 담보하는 주요한 방법은 현금 자산을 손에 들고 있는 것이다. 버핏은 최소 200억 달러 정도의 현금성 자산을 보유하고 있다고 한다.

여섯째, 돈에 관해 배울 것

투자를 시작했을 무렵부터 지금까지, 버핏은 하루에 600에서 1000페이지의 글을 읽는다고 한다. 대부분의 시간을 무언가를 읽는 데 보낸다고 한다. 책을 많이 읽게 되면 이자가 복리로 붙는 것처럼 지식이 쌓이게 된다. 위험을 낮추는 가장 좋은 방법은 끊임없이 공부해서 무지에서 벗어나는 것이다.

일곱째, 자기 자신에게 투자할 것

자신에 대한 투자에는 세금이 없다. 하면 할수록 이후에 더 큰 보상을 받게 된다. 재능을 발전시키는 것이든, 스스로의 가치를 더 높이는 것이든 상관없다. 자기 자신에게 꾸준히 투자하라.

여덟째, 되돌려 줄 것

타인에게 베풀며 살아보라. 마음으로만 베풀어도 되고 금전적으로 베풀어도 된다. 타인과 나누는 법, 베푸는 법을 배운다면 삶은 지금보다 훨씬 더 풍족해질 것이다.

투자의 귀재 워런 버핏이 원하는 것은 결코 돈이 아니다. 그가 원하는 것은 돈의 원리를 터득하는 것과 돈을 버는 재미를 아는 것이며, 돈이 불어나는 것을 지켜보는 것이라고 한다.

후회 없는 인생을 살고 싶은가? 그렇다면 워런 버핏이 알려주는 돈에 관한 8가지 원칙을 꼭 기억하기 바란다. 이것만 제대로 실천해도 풍요로운 인생, 후회하지 않는 인생, 경제적으로 자유로운 인생을 살게 될 것이다.

참고로, 한국은행과 금융감독원은 '전 국민 금융이해력 조사'를 격년 주기로 하고 있다. 여기서 말하는 금융이해력 (Financial Literacy)이란 합리적이고 건전한 금융 생활을 위해 필요한 금융 지식·금융 행위·금융 태도 등 금융에 대한 전반적인 이해 정도를 의미하여, 점수는 국제기준(OECD/INFE)에 따라 산출된다. '금융 지식'은 위험과 수익과 같은 금융개념에 대한 기초지식을, '금융 태도'는 현재 소비보다 미래 저축에 대비하는 의식구조 등 가치관을, '금융 행위'는 건전한 금융·경제생활을 영위하기 위한 소비·지출 관리 등의 행동 양식을 의미한다.

우리나라의 미래를 이끌어갈 20~30세대들이 자신의 꿈을 이루기 위한 자금계획을 세우고, 절약을 통해 스스로 투자금도 마련해 보고, 신중한 투자와 지출관리를 통해 이를 잘 불려 나 갈 수 있도록 하는 데에 돈과 금융에 대한 가치관과 행동이 올바로 형성되는 것 또한 중요하다고 생각한다.

"돈의 속성과 감각 다음으로 돈에 대한 '철학'이 필요하다. 세상 모든 일은 어느 경지에 이르면 철학이 된다. 돈도 마찬

가지이다. 돈에도 철학이 있고 돈을 버는 사람에게도 철학이
있다. 돈의 철학이 반드시 돈을 버는 사람들의 철학인 것은
아니지만 돈을 버는 사람들은 돈을 배우고 돈의 철학을 배
우려고 노력한다."

-『슈퍼리치들에게 배우는 돈 공부』 중에서-

좋은 글: 마음을 다스리는 방법 5가지

1. 불안과 걱정을 줄이는 법: 지금, 이 순간에 집중하라

불안과 걱정은 비슷하면서도 다르다. 둘 다 '내 마음이 만들어 낸 것'으로 실체가 없다는 점은 같다. 하지만 "불안이 현재나 먼 미래에 대한 것이라면 걱정은 아주 가까운 곳, 지금이나 내일 등 가까운 미래에 존재한다"라는 점에서 다르다.

불안과 걱정을 줄이는 가장 손쉽고 효과적인 방법은 '지금, 이 순간 내가 하는 일에 집중하는 것'이다. 사람은 행동과 고민을 동시에 하지 못한다.

※ 필자는 1988년 3월 카투사 선발을 위한 면접시험 때 면접에 집중해서 적극적으로 답변을 한 결과 8:1의 경쟁을 뚫고 당당히 합격한 일화가 있습니다.

2. 욕심을 줄이는 법: 흘려보내기

무언가 갖고 싶다는 생각이 들면 바로 사지 말고, 단 며칠이라도 그 마음을 흘려보낸다. 며칠 후에도 계속 갖고 싶은 물건은 그냥 사버리면 된다. 공허함을 소비로 달래는 사람들에게 권하는 방법은 '하루 중 단 1분이라도 멍하니 보내는 것'이다. 즉, '일순간이라도 좋으니 모든 집착이 사라지는 시간을 갖는 것'이다.

3. 질투를 줄이는 법: '남은 남, 나는 나'라고 생각하기

매일 아침 세면대 앞에서 자기 자신과 대화하면 비교하고 질투하는 습관을 줄일 수 있다. 그때 자신에게 물어야 할 질문은 다음과 같다. "너는 지금 그대로 만족하니?", "이것이 네가 하고 싶은 일이야?" 사회나 남이 바라는 내 모습이 아니라 본래의 내 모습대로

나만의 행복을 찾아 살아가면 남과 비교할 일도, 남을 질투해서 괴로울 일도 없다.

4. 짜증 줄이는 법: 감정이 격해지면 나만의 주문을 외쳐라

평소 말씨와 행동거지 그리고 생각을 정돈하면 불필요한 짜증을 줄일 수 있다. 그 방법으로 자기도 모르게 감정이 격해지는 순간이 오면 마음속으로 나만의 주문을 세 번 외쳐 보라. 이를테면 "침착해, 침착해, 침착해."라든가 "화나지 않았다, 화나지 않았다, 화나지 않았다."라고 외치는 것이다. 내 힘으로는 어찌할 수 없는 일, 이를테면 타인의 언행으로 인한 짜증은 어떻게 해야 할까. 포기하거나 내 생각을 바꿔라. 타인은 결코 내 생각대로 움직이지 않는다. 그럴 때는 자신의 사고방식이나 시각을 바꾸는 것이 현명하다.

5. 허세와 인정받고 싶은 습관 줄이는 법: 나를 있는 그대로 봐 주는 단 한 사람을 만들어라

남들에게 잘 보이기 위해 자신을 꾸미는 일이나 행복하게 사는 척 연기하는 일, 회사에서 인정받지 못하면 좌절하는 태도가 삶을 피곤하게 만든다. '단 한 사람'이라도 좋으니 진정한 인간관계를 맺으면 허세와 인정 욕구를 조금은 줄일 수 있다. 나를 있는 그대로 봐 주는 사람, 나의 약점까지도 터놓고 이야기할 수 있는 그런 사람 말이다. 회사 말고도 내 마음을 둘 수 있는 곳, 학력이나 외모 · 재산 따위와 상관없이 나의 존재 자체를 인정해 주는 사람이 곁에 있으면 행복을 느낄 수 있다.

– 마스노 순묘, 『9할』 중 –

글 출처: 카카오스토리 – 한 줄의 행복

재테크에 도움 되는 정보 찾는 법

길을 모르면 늦게 가거나 목숨을 잃을 수도 있다.

2020년 10월 어느 주말, 나는 고려대 명강사최고위과정의 워크숍에 참석하기 위해 강원도로 자동차 여행을 떠났다. 1박 2일의 워크숍 일정을 무사히 마치고 서울로 귀경하는 길이었는데 갑자기 승용차 계기판에 '공기압 점검'이라는 메시지가 나왔다.

그래서 나는 차량의 기수를 돌려서 인근에 있는 정비업소로 향했다. 정비사는 타이어에 공기를 주입해 준 후, 타이어 위에 손을 대보고서 아무런 이상이 없다고 했다. 이에 시동을 켜고 출발하려는 데 또 '공기압 점검' 메시지가 떠서 다른 정비사에게 문의하니 "1km 정도 주행하면 괜찮을 것이다."라고 했다. 이때까지만 해도 나는 내가 죽을 수도 있는 사고를 당하리라고는 꿈에도 생각하지 못했다.

정비업소를 떠나 차량을 운행한 지 약 30분 정도 지났다. 차는 터널을 통과하고 있었는데 갑자기 차체가 흔들리기 시작했다. 이윽고 차량의 왼쪽 뒤 타이어에서 '드르륵'하는 소리가 들리면서 타이어의 알루미늄 휠이 아스팔트에 닿아서 마찰음 소리가 났다. 순간 생각했다.

"아! 이렇게 죽는구나!"

절체절명 위기의 순간에 나는 침착함을 잃지 않고 차량의 속도를 줄이면서 2차선으로 차량을 이동해 주행했다. 터널을 빠져나오니 인근에 휴게소가 있어서 휴게소 입구에 차량을 무사히 정차시켰다. 차량에서 내려 타이어를 살펴보니 타이어가 걸레처럼 너덜너덜해져 있었고 다행히 알루미늄 휠은 약간의 자국만 났을 뿐 휠의 구조가 훼손되지는 않았다.

이러한 일이 일어난 후, 지인과 점심을 먹으면서 사건의 자초지종을 말했다. 지인은 "그런 경우 보험회사에 전화하면 긴급출동해서 임시로 타이어 펑크를 때워준다."라고 했다. 내가 몰라도 너무 몰라서 나의 목숨을 담보로 차량을 운행했던 것이다.

나는 이 사건으로 인해 정비사에게 정비만 잘 받았어도 계속 사용하였을 타이어의 교체 비용으로 적지 않은 금액을 지출했다. 고정지출이 아닌 변동지출을 했던 것이다. 비록 적은 금액이지만 개인적으로는 나의 경제 상황을 나쁘게 만들었다.

차량 계기판 및 타이어 사진

한편 고속도로에서 교통사고가 발생했다면, 한국도로공사의 긴급 견인 서비스를 이용할 수 있다. 고속으로 수많은 차량들이 오가는 곳인 만큼 빠른 대처가 필요하기 때문에, 곧바로 대응할 수 있는 긴급 견인 서비스가 경우에 따라 더 안전하고 신속할 수 있다.

한국도로공사 긴급 견인 서비스는 한국도로공사 콜센터 (1588-2504)로 연락하면 '무료로' 이용할 수 있다. 그리고 견인 가능한 거리는 근처의 졸음쉼터나 휴게소로, 2차 사고를 예방하기 위한 목적이 강하다. 고속도로는 도로 특성상 빠른 대응이 필요하기 때문에 긴급 견인 서비스를 적극 활용하시길 권장한다.

우리는 평소 재테크에 도움 되는 정보에 관심을 가져야 한다. 그래야만 경제적으로 손해 볼 일을 줄일 수 있기 때문이다. 영국의 철학자이자 행정가였던 프랜시스 베이컨이 말한 대로, '아는 것이 힘'인 것이다.

이제, 우리의 경제생활에 도움이 되는 정보를 얻을 수 있는 금융소비자 정보 포털사이트 '파인'과 금융소비자 피해구제제도를 소개하려고 한다.

금융소비자 정보 포털사이트 '파인'
금융감독원에서는 금융소비자가 금융거래 과정에서 필요로

금융소비자 정보 포털 "파인" 페이지(http://fine.fss.or.kr)

하는 모든 정보를 제공하는 포털사이트로 '파인(FINE, Financial Information Network)'을 개설(2016.9.1)하여 운영 중이다. '파인'은 금융거래에서의 정보 비대칭성 해소를 통한 금융소비자의 권익 제고를 목표로 하고 있다.

'파인'은 금융정보 유형별로 금융상품, 금융조회, 금융꿀팁, 금융회사, 금융피해 예방·구제, 금융교육, 금융통계, 서민·중소기업 지원, 기업정보의 9개 분야, 48개의 금융정보서비스로 구성되어 있다. 금융상품 비교검색, 금융거래내역 조회, 실용금융정보(금융꿀팁), 제도권 금융회사 조회, 금융통계 및 기업공시 정보확인 등을 한 곳에서 할 수 있다.

1. '잠자는 내 돈 찾기' 서비스

2019년 6월 말 기준 만기가 지나도 금융회사에 찾아가지 않고 잠자는 예금, 보험금 등은 계좌 수로는 약 2억 개 정도이며, 금액으로는 약 9.5조 원이다. 이러한 현상이 발생하는 원인은 금액의 많고 적음을 떠나 자신의 금융자산이 잠자고 있다는 것을 모르기 때문인데, 이렇게 개인이 잊고 있었던 내 돈을 찾을 수 있다. 은행, 저축은행, 보험사, 증권사 등에서 장기간 거래하지 않아 잠자고 있는 휴면계좌(은행예금, 보험 해약환급금 등)를 빠짐없이 신속하게 검색할 수 있다.

2. '금융상품 한눈에' 서비스

저금리 시대에 조금이라도 수익률이 높은 금융상품을 알아보고 싶지만, 은행별로 비슷한 상품이 많아 고민하는 분들의 경우 금융상품별 금리, 수익률을 한눈에 비교할 수 있다. 예금·적금 금리, 대출금리, 연금저축 수익률, 펀드 및 실손의료보험 보험료 등을 쉽게 비교할 수 있어서 유익하다.

3. '통합연금 포털' 서비스

연금가입 내역뿐만 아니라 얼마를 받을지도 알 수 있다. 연금에 가입한 이후 나중에 얼마를 받을지 궁금한 경우에 통합연금 포털을 통해서 조회를 할 수 있다. 개인연금, 퇴직연금은 물론 국민연금, 사학연금 등의 가입내역, 예상연금액 등을 한 번에 조회할 수 있다.

4. '금융 꿀팁' 서비스

파인 포털의 금융꿀팁에서 잘 모르고 넘어가는 알아 두면 피가 되고 살이 되는 금융정보를 배울 수 있다. 보험 가입 시 유의사항, 이자 줄이는 법, 보이스피싱 예방법, 휴가철 유익한 금융정보, 카드 사용법, 신용등급 올리기 노하우 등 금융 생활에서 알아 두면 유용한 정보를 확인할 수 있어서 유용하다.

5. '상속인 금융거래 조회' 서비스

상속인 금융거래 조회서비스를 통해 상속 재산과 빚 등을 편리하게 확인할 수 있다. 상속인이 피상속인의 금융재산·채무, 비금융정보(세금체납, 공공정보, 연금가입 여부 등)를 확인 가능하며, 상속인이 관련 서류를 준비하여 금융감독원, 전체 은행(수출입, 외국은행 국내 지점 제외), 농협·수협 단위조합, 삼성생명, 한화생명, KB생명, 유안타증권, 우체국, 시·군·구청 및 읍·면·동 주민센터 등에 있는 접수처에 신청하면 된다.

6. '보험 다 모아' 서비스

일반적으로 여름 휴가 시즌에 제주도나 동해안 지역에 여행 가서 렌터카 업체가 제공하는 보험에 가입한 경험이 있을 것이다. 이러한 경우에 '보험 다 모아' 서비스를 통하면 자동차보험 등 보험상품을 한 번에 비교할 수 있어서 좋다. 자동차보험, 실손의료보험, 여행자보험, 연금보험 등의 보험상품별 보험료를 한눈에 비교할 수 있다.

7. '서민금융 1332' 서비스

서민금융 1332 서비스를 통해 여러 기관에 산재되어 있는 서민금융정보를 종합하여 얻을 수 있다. 서민 맞춤 대출 안내, 불법 사금융 대응 요령, 개인신용정보 무료 체험, 제도권 금융회사 조회, 소득수준·신용등급에 맞는 지원제도 안내 등 종합적인 정보를 제공하고 있다.

8. '제도권 금융회사 조회 및 등록대부업체 통합 관리' 서비스

특정 금융회사가 정상적인 금융회사인지 파인에서 편리하게 확인할 수 있다. 은행법, 저축은행법, 자본시장법 등 금융 관련 법규에 따라 설립된 금융회사인지 여부를 확인할 수 있으며, 금융감독원 또는 지방자치단체에 등록된 대부업체인지 여부도

조회할 수 있다. 유사 수신업체에서 고수익을 보장한다고 하면서 투자를 권유할 때 그 회사가 안심하고 투자할 수 있는 제도권 금융기관인지 여부를 확인할 때 유용하게 활용할 수 있다.

9. '금융주소 한 번에' 서비스

주소 변경을 한 번에 할 수 있다. 금융감독원은 2016년 1월부터 '금융주소 한 번에' 서비스를 제공하고 있다. 개인은 거래하고 있는 금융회사의 영업점을 방문하거나 홈페이지에 접속하여 '금융주소 한 번에' 서비스를 이용하여 주소 변경을 하면 거래하는 모든 금융회사에 있는 주소가 한꺼번에 변경이 되어 편리하다.

10. 금융자문 서비스

합리적인 자산 포트폴리오를 위해 1:1 무료 재무상담을 받을 수 있다. 자산관리전문가가 부채관리, 소득 및 지출관리, 은퇴·노후 준비 등 맞춤형 재무상담 서비스를 제공한다.

금융소비자 피해구제제도

금융소비자가 금융거래를 하면서 손해를 입은 경우 금융거래의 당사자인 금융소비자와 금융회사 간에 직접 해결하는 것이 바람직하다. 금융소비자는 금융회사의 소비자 불만 코너를 통해 이의를 제기하고 금융회사의 대응으로 피해를 구제하는 것이 일반적이다. 그러나 당사자 간에 원만히 해결되지 않을 때는 다양한 피해구제 방법이 있다. 이러한 제도에는 민원 상담, 금융 민원 신청, 금융분쟁 조정, 민사소송을 통한 사적인 분쟁 조정방법 등이 있다.

1. 금융감독원 콜센터(1332)를 통한 민원상담

금융거래 과정에서 불편을 겪거나 피해를 입은 경우는 물론 금융과 관련한 의문 사항이 있으면 금융감독원에 가서 대면 상담을 하거나 전화 또는 인터넷 채팅의 방법으로 민원상담을 할 수 있다. 민원인은 평일 오전 9시에서 오후 6시 사이에 금융감독원에 방문하거나 '금융감독원 콜센터 1332'에 전화를 하여 대면 상담이나 전화상담을 받을 수 있다. 인터넷채팅상담은 평일 오전 9시에서 17시 사이에 가능한데, 인터넷 채팅의 경우 직접 금융감독원에 방문하기 어려운 경우를 위해 제공하고 있다.

전국 어디에서나 국번 없이 '1332'를 누르면 '금융감독원 콜센터 1332'에 전화하여 상담할 수 있다. 콜센터는 금융회사 업무처리 등과 관련한 불만이나 피해 상담뿐만 아니라 상속인금융거래조회서비스, 사금융 관련 상담, 금융범죄 및 비리 신고,

기업공시 안내, 중소기업 금융 애로센터, 금융자문서비스 등도 연계하여 민원전화 통합창구로서의 역할을 수행함으로써 전화 한 통화로 신속하고 효율적으로 상담을 받을 수 있도록 'One - Call 서비스'를 제공하는 한편, 상담원이 통화 중인 경우 연락처를 남겨 두면 상담원이 직접 전화하는 'Call - Back 서비스'도 제공하고 있다.

2. 금융감독원 금융 민원 신청

금융상담을 통해 해결되지 않거나 구체적인 사실관계 확인이 필요한 경우, '금융 민원처리 서비스'를 이용하면 된다. 인터넷 e-금융 민원센터(www.fcsc.kr), 우편, FAX 및 방문을 통해서도 민원 신청이 가능하다. e-금융 민원센터에서는 은행, 증권, 투자신탁, 보험, 카드, 종합금융회사, 리스, 저축은행, 부동산신탁, 할부금융, 신기술금융, 신용협동조합, 신용정보회사 등에 대한 민원을 다루고 있으며 여기에 언급되지 않은 기타 기관에 대한 민원의 경우, 보다 정확하고 신속한 민원처리를 위해 해당 기관에 직접 민원을 제기하는 것이 유리할 수 있다.

3. 금융협회를 통한 민원처리 서비스

금융거래 과정에서 불편을 겪거나 피해를 입은 경우는 물론 금융과 관련한 의문 사항이 있으면 금융협회에도 민원을 제기할 수 있다. 손해보험협회는 변호사로 구성된 심의위원이 자동차 사고에 대한 과실 비율을 심의하여 결정하는데, 보험회사를 통해 민원을 신청하면 된다. 금융투자협회는 금융상품 불완전 판매 등 금융투자회사의 영업 행위와 관련된 분쟁 조정을 처리하고 있으며 우편 및 방문을 통해 민원을 신청할 수 있다. 여신금융협회에서는 신용카드 가맹점의 부당행위, 신용카드 불법 모집 등에 대한 신고를 접수받고 있다. 여신금융협회 홈페이지에서 신고하면 된다.

4. 금융감독원 분쟁 조정 처리 서비스

금융거래와 관련한 분쟁이 있을 경우 금융소비자는 법원에 소송을 제기하기 전에 언제든지 금융감독원에 분쟁 조정을 신청할 수 있다. 금융분쟁 조정제도는 주로 금융소비자가 금융회사를 상대로 제기하는 금융분쟁에 대하여 금융감독원이 조정 신청을 받아 조정 의견을 제시하여 당사자 간의 합의를 유도함으로써 소송을 통하지 않고 분쟁을 원만하게 해결하는 제도를 말한다.

여기서 금융분쟁이란 금융소비자가 금융회사와의 금융거래와 관련하여 권리·의무 또는 이해관계가 발생하는 경우 금융회사를 상대로 제기하는 분쟁을 의미한다. 금융분쟁 조정은 일반 민원과 동일한 방법으로 인터넷(e-금융 민원센터, www.fcsc.kr), 우편, FAX 및 방문(본원 및 지원)을 통해 신청이 가능하며, 같은 내용에 대하여 이미 민원을 제기하여 처리 중인 경우에는 추가로 금융분쟁 조정을 신청할 필요는 없다. 금융 민원이 해결되지 않고 금융분쟁이 발생한 경우 그에 대한 조사를 거쳐 금융감독원은 분쟁의 내용을 통지하고 당사자 간의 합의를 권고한다. 하지만 신청을 받은 날로부터 30일 이내에 합의가 이루어지지 않으면 이를 금융분쟁조정위원회에 회부하여 금융분쟁 조정을 하게 된다.

5. 민사소송 제기

금융분쟁 조정을 통해서도 원만히 해결되지 못한 민원(분쟁)에 대해서는 민사소송을 통해 피해구제를 받을 수 있다. 민사소송은 소송을 당하는 이(피고)의 주소가 있는 법원에 제기하게 된다. 이때 소송을 제기하는 사람(원고)은 소장을 법원에 접수하게 되는데 이로써 소송의 절차가 시작된다. 소장에는 당사자의 인적사항, 청구 취지, 청구원인 등을 기재하게 되며, 소장이 접수되면 법원에서는 이를 심사하고 피고에게 답변서 제출을 요구하게 된다. 답변서는 소장을 송달받은 날부터 30일 이내에 제출해야 하며 이 기한 안에 제출하지 않은 경우에는 원칙적으로 판결선고기일이 결정된다.

이후에는 변론 절차를 거치게 되는데 서면 공방 및 기일 전 증거조사, 쟁점 정리(기일), 증거조사(기일)를 거치게 되며 이때 민사소송의 당사자들은 늦어도 제1회 재판기일 전에 증거를 일괄하여 제출하고 신청해야 한다. 민사소송은 법원의 판결선고로 마치게 된다.

법원은 판결선고 전이면 언제든지 별도의 조정기일 회부 없이 분쟁의 해결을 위해 화해를 권고하거나 조정에 회부할 수 있으며, 민사조정은 법관이나 법원에 설치된 조정위원회가 분쟁 당사자의 주장을 듣고 관련 자료 등 여러 사항을 검토, 당사자들의 합의를 주선하는 제도다.

금융소비자가 민사소송을 통하여 분쟁을 해결하고자 하는 경우에는 변호사를 통해 소송을 제기할 수 있지만, 변호사의 도움을 받을 수 없다면 법원 홈페이지의 '전자소송'을 이용하여 직접 소장을 법원에 제출할 수 있다. 또한, 대한법률구조공단은 경제적으로 어렵거나 법을 잘 모르는 사람들에게 법률상담, 변호사 소송대리 등의 법률적 지원을 하고 있다.

"아는 것이 힘이다."

정보를 활용하는 사람이 그렇지 않은 사
람보다 금융 포트폴리오 작성도 잘하고 결국
경제적 자유를 더 빨리 얻게 된다.

경제적 자유

1. 원인을 알아내라

스트레스를 줄이는 첫 번째 관문은 우리가 스트레스를 느끼게 만드는 문제의 근원을 찾아내는 것이다. 그것이 관계인지, 직장 혹은 학교인지, 스트레스를 받는 원인이 무엇인지 생각해보자. 원인을 알게 되면, 불안과 스트레스에 대처하기가 훨씬 수월해진다. 당신의 삶에서 계속해서 스트레스를 받게 하는 양상들이 무엇인지, 가장 심한 것에서부터 써 내려가 보자.

2. 불필요한 스트레스 요인을 찾아내라

스트레스 관리에서 굉장히 중요한 부분이 바로 불필요한 스트레스 요인을 제거하는 것이다. 아마도 여러 가지 취미생활을 하고 있거나 직장에서 추가 업무를 하며 평소보다 심한 스트레스에 시달리는 것인지도 모른다. 이러한 것들에 대해 인식하고, 취미든 일이든 삭감하는 작업이 필요하다. 만약 만성적으로 스트레스를 받고 있다면, 일정 기간을 정해 최소한의 필요한 것들만 가지고 생활해보자. 이러한 노력은 당신의 삶을 보다 평화롭고 즐거운 방향으로 재구성해줄 것이다.

3. 정리하라

스트레스는 종종 어수선함과 잘못된 관리로부터 비롯된다. 할 수 있는 모든 것들을 정리하는 것은 스트레스에서 탈피하는 아주 좋은 방법이다. 집 안 청소부터 스케줄 다시 짜기 등이 포함된다. 정리하고 체계화시키는 작업은 인생의 모든 면을 간소화시키고 궁극적으로는 일을 훨씬 쉽게 만들어 준다.

4. 자기관리에 힘써라

좋은 음식을 먹고 규칙적으로 운동하는 습관은 스트레스를 줄이는 데 큰 도움이 된다. 자기관리를 함으로써 자신의 인생에 주도권을 쥐고 있다는 느낌을 갖게 되고, 모든 일에 보다 잘 준비된 사람이 된다. 신체 건강은 정신건강에 직접적으로 연관이 있다. 건강한 생활습관을 갖는 것이 스트레스를 없애주는 건 아니지만, 스트레스에 대한 조절능력을 키워주기 때문에 분위기가 급격히 호전되는 것을 경험하게 될 것이다.

5. 일을 미루지 말자

일을 질질 끌며 미루는 습관은 스트레스를 일으키는 주범이다. 일을 끝내야 하는 시점에 끝내는 습관을 들이도록 노력해보자. 이는 언제나 시간을 지키려고 최선을 다하고 체계적인 시간 관

리에 힘쓰는 것을 의미한다. 약속을 잘 지키고 제시간에 일을
해내는 능력을 기르면, 스트레스를 상당히 줄일 수 있게 된다.

6. 통제 불가능한 것에 대해서는 포기해라

통제 밖의 일은 항상 존재한다. 이것은 삶의 자연스러운 부분이
다. 스트레스를 줄이려면 통제할 수 있는 것과 없는 것을 구분
하자. 예를 들면, 직장에서 다른 사람의 출세나 회사의 사업부
진 등으로 인해 스트레스를 받지 말아야 한다. 당신이 책임질
필요가 없는 다른 사람의 일에 신경을 쓰는 것은 스트레스를 증
가시키는 일이다.

※ 건강이 최고입니다. 스트레스 관리 잘하셔서 항상 건강하시기를 바랍니다.

우연히 재테크

저는 원래 재테크를 잘하지 못했습니다.

결혼하기 전에 모아 놓은 돈이 거의 없어서 전셋집을 구할 돈이 부족하였습니다. 다방면으로 알아보았지만 뾰족한 방법이 없었습니다. 저는 우연히 저의 딱한 사정을 알게 된 친척의 도움으로 시세보다 저렴하게 전세를 얻을 수 있었습니다.

저는 원래 인사를 잘합니다.

결혼해서 마포구 성산동에 살았습니다. 저는 제가 살고 있는 집 근처에 있는 공인중개사 사무소 사장님이 무척 고마웠습니다. 전세로 살게 될 좋은 아파트를 좋은 조건으로 소개시켜 주셨거든요. 마치 가족처럼 따뜻하게 대해주시고 이것저것 빠짐없이 챙겨주시는 것이 너무나 좋았습니다. 그래서 저는 집으로 가는 길에 수시로 찾아가서 인사를 드렸습니다. 무척 친해진 것이지요. 저는 사장님께 조금이나마 고마움을 표시하고 싶어서 명절 때가 되면 한 해도 거르지 않고 과일 주스 선물세트를 사다 드렸습니다.

그런데 이게 웬일일까요? 제가 자주 인사를 드렸던 공인중개사 사무소 사장님이 그동안 저를 좋게 보셨다고 하시면서 '좋은 물건이 있는데 구매할 의사가 있느냐?'라고 말씀하셨습니다. 그 당시에 아파트를 분양하면 프리미엄이 5천만 원 정도 붙어서 매매가 이루어졌습니다. 사장님은 저에게 프리미엄 5백만 원에 가져가라고 하셨습니다. 그것도 유명브랜드의 30평대 아파트를 이렇게 좋은 조건으로 살 기회를 주셨습니다. 이렇게 해서 저는 정말 우연히 마포구에서 유명브랜드의 신축 아파트를 소유하게 됐습니다.

기본에 충실하자

저는 금융감독원에서 25년간 국가 금융, 세계 금융의 전문가로서 일해왔습니다. 아울러, 금융교육을 담당하는 금융교육국에서 약 5년 정도 근무하고 있습니다. 학교 금융교육을 주로 담당하면서 부수적으로 일반인 대상 금융교육업무도 하고 있습니다. 일선 학교에서 금융교육 교수로서 '금융 이야기', '금융사기 피해 예방' 등을 주제로 강의를 했으며, 고려대학교 명강사최고위과정과 한국교육강사연합회 등에서 일반 성인을 대상으로 '일반 금융론', '저축과 투자 이야기' 등에 대해서도 강의를 한 경험이 있습니다. 2021년 11월에는 한국금융연수원의 집합연수 신규강사에 응모하여 시범강의와 면접을 통해 강사로 선정이 되었습니다. 이러한 다양한 경험과 지식을 바탕으로 『MZ세대 재테크 전략』이라는 책을 쓰게 되었습니다.

특히 요즘 MZ세대의 묻지마 식 투자의 위험성과 금융 기본 지식을 갖추고 체계적으로 투자를 해야 하는 이유를 담고 있습니다. 경험의 특성상 거시적 금융의 흐름과 각종 분석결과를 참고자료로 많이 인용하고 있습니다. 금융초보자들이 금융에 대한 가치관을 정립하고 안전한 투자를 하는 데 도움이 될 수 있기를 바랍니다. 이 책이 MZ세대에게 금융 지도와 투자의 나침반이 되어주길 바랍니다.

경제적인 자유를 선언하는 그날까지 파이팅을 기대한다

제가 책에서 소개해 드린 내용을 잘 참조하셔서 MZ세대들의 성공적인 재테크에 선한 도움이 되기를 바라며, 이를 통해 경제적인 자유를 얻을 수 있으시기를 바랍니다. 마지막으로 제가 좋아하는 가왕 조용필 선생님의 〈꿈〉이라는 노래를 소개하면서 저의 에필로그를 마치려고 합니다.

저는 울산에서 고등학교를 졸업하고 서울에 있는 대학에 진학하면서 서울 생활을 시작했습니다. 지면 관계상 제가 겪었던 고난과 역경을 일일이 다 말씀드릴 수 없습니다만, 그 당시에 겪었던 서울 생활은 〈꿈〉이라는 노래의 가사와 거의 비슷했습니다. 이러한 이유로 저는 삶이 힘들 때나 즐거울 때나 이 노래를 자주 읊조리고 있습니다.

꿈

– 조용필

화려한 도시를 그리며 찾아왔네
그곳은 춥고도 험한 곳
여기저기 헤매다 초라한 문턱에서
뜨거운 눈물을 먹는다
머나먼 길을 찾아 여기에 꿈을 찾아 여기에
괴롭고도 험한 이 길을 왔는데
이 세상 어디가 숲인지 어디가 늪인지
그 누구도 말을 않네
사람들은 저마다 고향을 찾아가네

나는 지금 홀로 남아서
빌딩 속을 헤매다 초라한 골목에서
뜨거운 눈물을 먹는다
저기 저 별은 나의 마음 알까 나의 꿈을 알까
괴로울 땐 슬픈 노래를 부른다
슬퍼질 땐 차라리 나 홀로 눈을 감고 싶어
고향의 향기 들으면서

가사 속의 '꿈'의 의미를 잘 새겨보시기 바랍니다. 여러분의 재테크 전략의 목적지는 어디인가요?

– 재테크 전략 전문가, 경영학박사 **박영섭**

꿈은 이루어진다

1. 금융전문가로 걸어온 길

　금융감독원은 금융산업을 선진화하고 금융시장의 안정성을 도모하며, 건전한 신용 질서, 공정한 금융거래관행을 확립하고 예금자 및 투자자 등 금융소비자를 보호하기 위해 설립된 기관이다. 이 기관에서 약 25년간 재직하면서 금융회사에 대한 현장조사, 금융피해 상담 및 예방 활동, 금융 범죄 근절을 통한 서민금융이용자 보호 그리고 금융교육 및 상담업무 등 금융회사 자체를 감독하면서 일반인이 쉽게 접하기 어려운 금융 관련 제반 업무를 직접 수행하였다.

　재직 기간 동안 은행, 저축은행, 상호금융(신협, 농협, 수협, 산림조합 등) 그리고 신용카드사 등 60여 개 금융회사에 대한 검사업무를 담당하였고, 종금사, 저축은행, 상호금융회사 등에 대한 감독업무 등을 주로 수행하였다. 금융을 감독하는 다양한 분야에서 업무를 수행한 결과 자타가 공인하는 금융전문가로서의 경력과 전문성을 갖추게 되었으며, 수행한 주요 업무를 간단히 소개하고자 한다.

유사금융조사반에서는 사금융조사업무를 담당하면서 서민금융이용자 피해방지를 위해 유사수신 혐의업체에 대한 현장조사를 행하는 한편 수사기관에 통보하고[1], 사금융 이용자 피해 상담 및 피해 예방을 위한 홍보활동 등을 적극적으로 추진하고, 신용카드불법거래감시단을 운영하는 등 생활밀착형 금융범죄 근절을 통한 서민금융이용자 보호 업무에 앞장섰다.

금융교육국에서는 금융소비자 역량 강화를 위해 금융 취약계층에 대한 맞춤형 금융교육 및 금융상담 업무를 담당하였다. 전국 방방곡곡을 순회하면서 금융 취약계층에 대한 금융상담을 해주는 '금융사랑방버스'의 운영반장으로서 저축은행, 단위농협 등 서민금융기관 및 지방자치단체와의 긴밀한 협조 관계를 유지하고 금융사랑방버스가 효과적으로 맞춤형 금융상담

---

1 '교차로' 등 생활정보지 광고에 근거한 신용카드할인(깡) 혐의업체 243개사를 수사기관에 통보하고, 높은 이자수익을 보장한다고 말하면서 금융소비자에게 자금을 투자하도록 권유하는 유사수신 혐의업체에 대한 현장 조사를 실시하였다.

서비스를 제공할 수 있는 기반을 조성했다. 그 결과 전통시장·군부대·탈북민지원센터·쪽방촌·임대아파트 등 전국 423곳에서 5,524명(2013.11월 말 기준)의 금융 취약계층을 대상으로 '찾아가는 금융상담서비스'를 제공했다. 금융감독원의 전문적인 상담을 통해 개개인에게 맞춤형 해결방안을 제시하는 등 금융소비자의 고충을 실질적으로 덜어주는 데 이바지했다. 금융소비자보호에 대한 대국민 인식을 제고하고 금융감독원에 대한 대외 이미지와 평판을 제고하는 데 기여하였다.

또한, 전국소상공인단체연합회 등 9개 자영업자단체와 금융감독원의 금융교육 등에 관한 MOU를 체결하여 금융감독원의 금융교육 및 금융상담 서비스를 제공하였다. 그리고 전국 초·중·고 학교장 금융교육 관련 간담회를 개최하여 금융교육에 대한 공감대를 형성하고 학생들이 어릴 때부터 금융교육을 받을 수 있는 기반을 조성하였다.

2014년 11월부터 2017년 2월까지 대검찰청에서 파견근무를 하였다. 이 기간 동안 수사에 참여하면서 20여 차례에 걸쳐 압수·수색 현장에 투입되어 계좌추적 및 회계자료 분석 업무를 하는 등 다양한 현장 경험을 하였으며 금융회사의 감독 및 검사에 대한 전문적인 역량을 갖추었다고 자부한다.

검찰 파견생활

2. 금융전문가의 N잡러 도전기

드림 잡

금융감독원은 직원을 교육하는 기관으로 연수원을 운영하고 있다. 필자는 금융감독원 연수원 교수가 되기 위해 많은 준비를 하였다. 그러한 준비과정에서 자연스럽게 '여러 직업을 가진 사람'인 N잡러가 될 수 있었다.

연수원 교수 선발 면접에서 면접위원께서 '강의 경력이 부족하다'라고 말씀하셔서, 금융감독원 '강의 역량 향상 과정', 한국강사협회 '명강사 육성과정', 고려대 '명강사 최고위과정' 등의 연수를 들으면서 강의와 관련된 지식을 키우고 강의 기술을 연마하였다.

이러한 노력의 결과, 필자는 고려대 명강사최고위과정 특임 강사, 금융 취약계층을 방문해서 금융교육을 하는 금융감독원 교수, KCA한국컨설턴트사관학교 전임교수, 한국교육강사연 합회 특임강사, 한국금융연수원 강사로서 다양한 분야에서 강 의 활동을 하고 있다.

우연한 기회에 지인의 소개로 'NCS 기반 면접전문가 강사 양 성 과정' 연수를 듣게 되었다. 이 과정은 일반 면접 컨설팅 스킬 을 알려주는 과정이 아니라 면접 평가 방법, 역량 분석, 면접관 의 의도까지 모두 알려주는 면접 전문 역량 강사를 양성하는 연 수이다. 동 연수 수료자는 특성화고, 대학, 기업, 기관 등에서 면접 컨설팅, 코칭, 특강 강의뿐만 아니라 전문 면접관 활동 및 기업 면접관 교육 강사로 활동할 수 있다.

또한 KCA한국컨설턴트사관학교에서 운영하는 '공공기관 면접관 교육'에 참여하였다. 동 과정은 공공기관 외부면접위 원이 기본적으로 숙지하여야 할 NCS기반의 블라인드 채용 이 론 중심의 기본 과정으로서 정부 인사혁신처의 '공정채용 가이 드'에 따른 채용 투명성과 공정성 지침에 맞는 블라인드 면접 내용을 중심으로 외부면접위원을 대상으로 진행된다. 필자는 KCA한국컨설턴트사관학교의 전임교수로 재능기부활동을 하고 있다.

아울러, 'EBS 4차 산업혁명과 진로탐색캠프'를 수료하여 'EBS 4차산업과 진로 탐색 지도강사' 자격을 취득하였다. 동 과정은 급변하는 4차 산업혁명의 주요 기술에 대한 이해와 미래 유망 직업 탐색을 통해 진로에 대한 도전과 꿈을 키워주는 지도강사를 양성하는 과정이다. 지도강사는 학생들이 직업 가치관의 중요성을 알고 4차 산업과 관련된 유망 직업을 탐색할 수 있도록 지도하고 4차 산업혁명 시대 인재의 조건을 설명하고 학생들을 지도할 수 있다.

한편, 영어 출판번역가의 꿈을 이루기 위해 '영어 출판번역 프로그램' 연수를 수료하였다. 동 과정은 바른번역 글밥아카데미에서 운영하며 출판번역가를 꿈꾸는 사람들이 참여하는 과정으로 올바른 한국어 구사 능력과 영어 번역의 기본을 배울 수 있다. 필자는 끈질기게 번역하여 독자들이 제대로 된 번역서를 만날 수 있는 기회를 제공하기 위해 부단히 노력하는 번역가를 꿈꾸고 있다.

필자는 2020년 5월에 금융감독원 연수원 교수 선발 전형에 지원해서 탈락한 이후 2021년 5월에 재도전하기 위해 자투리 시간을 활용하면서 열심히 준비했다. 이는 한 번 정한 시한은

절대 넘기지 말고, 파부침주(破釜沈舟)의 각오로 모든 퇴로를 끊고 물러설 핑계를 찾지 않았기 때문에 가능했던 일이다. 고난과 시련의 길에 들어섰지만 오직 자신의 힘으로 문제를 해결하려고 했다. 이러한 과정을 통해 자기효능감을 올릴 수 있었고 자신의 경쟁우위와 열위를 정확히 판단하여 목표를 실현하기 위해 노력하였다.

그동안 연수원 교수가 되기 위해 준비하면서 느낀 소회(所懷)를 다음의 글로 갈음하려고 한다.

〈간절함은 성공의 씨앗이다〉

한 마리의 치타가 영양을 쫓고 있습니다.
하지만 그 치타는 영양을 잡을 수 없었습니다.
왜일까요?

치타는 한 끼의 식사를 위해 뛰었지만
영양은 살기 위해 뛰었기 때문입니다!

이것이 바로 간절함의 차이입니다.
간절함은 성공의 씨앗입니다.

'세상의 모든 일은 간절한 만큼 이루어진다'라는
평범한 진리가 담겨져 있습니다.

간절함…!
인생에 있어서 기회가 적은 것은 아닙니다.
단지 그것을 볼 줄 아는 눈과 붙잡을 수 있는
의지를 가진 사람이 나타나기까지
기회는 잠자코 있을 뿐이다….

갈까 말까 할때는 가라
살까 말까 할때는 사지마라
말할까 말까 할때는 말하지 마라
줄까 말까 할때는 줘라
먹을까 말까 할때는 먹지마라

서울대 행정대학원장 최종훈교수의 인생교훈

〈후회할 것 같으면 해 버려라〉

후회는
크게 두 가지의 후회가 있다.

'행한 행동에 대한 후회'
'하지 않은 행동에 대한 후회'

둘 중 무엇이
더 미련이 오래 남을까?

'하지 않은 행동에 대한 후회'가
더 오래 미련이 남는다고 한다.

그래서 사람들은

'했으면 좋았을 걸…' 하면서 인생을 마감한다.

행한 행동에 대한 후회는
쉽게 자기 합리화해 버리면
미련이 많이 남지 않는다.

후회할 것 같으면 해 버려라!!
아리까리 하면 시작해라.

– 좋은 글 중에서 –

3. 메타버스 시대 MZ세대를 위한 교육의 변화

1) 메타버스 시대

메타버스는 가상, 초월을 의미하는 '메타(meta)'와 현실세계를 의미하는 '유니버스(Universe)'의 합성어로 현실세계와 같은 사회, 경제, 문화 활동이 이루어지는 3차원 가상세계(Virtual World)를 일컫는 말이다.

'메타버스'라는 용어는 미국 소설가 닐 스티븐슨이 1992년 쓴 소설 『스노 크래시』 속에서 처음 등장한다. 지난 2009년 전 세계의 관심을 가상세계로 몰아넣은 제임스 캐머런 감독의 영화 〈아바타〉를 생각하면 쉽게 이해할 수 있다. '디지털 속의 또 다른 나'가 가상공간을 살아가는 것이다.

메타버스에 대한 관심에 본격적으로 불을 지핀 것은 스티븐 스필버그의 영화 〈레디 플레이어원〉이다. '오아시스'라 불리는 가상세계는 누구든 원하는 캐릭터가 돼 어디든지 갈 수 있고, 뭐든지 할 수 있고, 상상하는 모든 것을 실현할 수 있는 공간이었다. SF소설이나 영화에서 나오듯, 가상의 공간이 디지털을 이용해 다양한 형태로 구현되는 것이 우리가 일반적으로 생각하는 메타버스다. 메타버스는 특히 10대에게 새로운 커뮤니티 공간으로 주목받고 있다. 대표 플랫폼으로 제페토, 포트나이트, 로블록스 등이 있다.

비영리 기술연구단체 ASF(Acceleration Studies Foundation)는 메타버스를 네 가지로 분류했다. 증강현실, 라이프로깅(일상의 디지털화), 거울세계, 가상세계다.

첫째, 증강현실은 실제 촬영한 화면에 가상의 정보를 부가하여 보여주는 기술로, 혼합현실(MR)이라고도 부른다. 증강현실은 편리할 뿐만 아니라 감성적 측면에서의 만족도도 대단히 높기 때문에 방송은 물론 게임, 교육, 오락, 패션 등 다양한 분야에서 응용이 가능하다. 현실 공간 위에 디지털로 구현된 정보를 겹쳐 보이게 만든, 말 그대로 '증강된 현실'을 의미한다. 게임 '포켓몬고'를 떠올리면 된다. GPS를 기반으로 특정 이벤트를 발생하게 만들고, 카메라와 연계해 서비스를 제공한 이 게임은 탄탄한 스토리를 증강현실로 잘 구현한 사례다. 영화 〈스타워즈〉에서 우주선 내에 레이저 홀로그램이 투영되는 장면도 증강현실이다.

둘째, 라이프로깅은 개인을 중심으로 일상에서 발생하는 정보와 경험을 기록하고 공유하거나, 센서가 측정해 낸 데이터가 축적되는 공간이다. 현실을 기록하는 것이지만, 디지털로 구현되면서 확장되기 때문에 메타버스의 일종이 된다. 페이스북, 트위터, 인스타그램 등 소셜 미디어가 대표적이다.

셋째, 거울세계는 연결돼 있는 현실세계를 사실적으로 묘사해 디지털로 보여주는 세계다. 실제 거리와 건물을 항공 촬영해 3D로 변환하거나 모델링하는 구글 어스가 대표적이다. 구글 지도, 카카오 지도, 티맵뿐만 아니라, 현실세계를 디지털로 반영한다는 데서 배달의 민족이나 에어비앤비 등의 앱도 큰 범주의 메타버스에 포함된다.

넷째, 가상세계는 우리가 생각하는 일반적인 메타버스다. 여러 명이 접속해 상호작용을 할 수 있는 '가상화된 공유 공간'이다. '리그오브레전드'처럼 게임을 기반으로 한 가상세계와 일상과 소셜 라이프 환경 기반의 가상세계, 업무나 교육, 전시 등 특정한 목적을 접목한 서비스형 가상세계가 있다.

'메타버스'는 이전부터 우리 주변에 존재해 왔다. 약 20년 전 온라인 메신저 '세이클럽'에서 선보인 '아바타 꾸미기'는 학생들에게 선풍적인 인기를 몰고 왔다. 이어 부활을 앞두고 있는 '싸이월드'도 미니 홈피라는 가상 공간에 친구들을 초청하며 우리의 일상 속을 침투했었다. '메타버스'는 완전히 새로운 개념이 아닌 기술이 발전하고 사회적 인식이 변화하면서 대두된 개념이다. 우리에게 익숙한 '싸이월드'와 같은 메타버스가 앞으로 어떻게 발전해 나가고 그것을 어떻게 이용할 수 있을지 상상만 해도 기대가 된다.

2) 메타버스 시대 MZ세대를 위한 교육의 변화

디지털 변화에 민감한 MZ세대에 맞게 메타버스를 활용한 사회, 경제, 문화 활동이 이루어지고 있다.

국내 D금융그룹은 네이버제트에서 제작한 메타버스 플랫폼 '제페토'에서 그룹 계열사 최고경영자(CEO)가 참석한 그룹 경영

현안회의를 진행했다. '제페토'는 ESG(환경·사회공헌·지배구조) 공모전 시상식에도 이용되었다.

국내 L그룹은 신입사원 교육 프로그램에 '메타버스' 플랫폼을 도입하였다. 교육의 몰입도를 높이고 입사 동기들과 네트워크를 강화하기 위한 목적이다. 이번 교육에 참가한 신입사원들은 역할수행게임(RPG) 형태의 온라인 가상공간으로 구성된 메타버스 교육장에서 본인의 아바타로 회사 내 주요 사업장을 자유롭게 돌아다니며 동기들과 화상소통을 했다. 릴레이 미션, 미니게임 등 다양한 교육 프로그램에도 참여했다. 메타버스는 경험을 중시하는 MZ세대 신입사원들이 교육에 집중하고 회사에 대한 이해와 소속감을 높이면서 동기들과 유대감을 형성하는 데 도움을 줄 수 있을 것으로 보인다.

국내 H금융그룹은 메타버스 전용 플랫폼 '제페토'를 활용해 가상세계에 캠퍼스를 오픈하였다. 실제 캠퍼스를 그대로 구현하고 이곳에서 신입 행원들과 연수원 투어, 멘토링 프로그램 수료식도 치렀다. 코로나19 사태로 실제 캠퍼스를 방문하기 어려워진 만큼 메타버스 공간을 활용한 것이다. 이처럼 코로나19 사태로 인해 비대면이 자연스러운 삶의 조건이 되어버린 현실에서 메타버스는 더욱 큰 위력을 발휘할 것으로 기대된다.

MZ세대를 중심으로 메타버스 시장이 빠르게 성장하면서 전 세대를 아우르는 공간으로 변하고 있다. 최근에 증강현실과 가상현실을 뒤섞은 혼합현실(MR)이나 오감을 통해 가상세계를 체험하는 확장현실(XR)까지 생기며 메타버스 영역이 확장되고 있다. 이러한 기술의 변화를 교육에 접목시킨다면 학습자의 니즈를 충족시켜주는 교육을 실현할 수 있을 것이라고 생각한다.

한편, '2030년 미래사회와 학교교육의 변화'에 언급된 내용을 소개하려고 한다. 소개되는 내용을 통해 MZ세대를 위한 교육이 어떻게 변화해야 하는지에 대한 인사이트를 얻을 수 있기를 바란다.

"2030년의 학교교육은 크게 두 가지 요인에 의해 크게 영향을 받게 될 것이다. 하나는 기술과 사회 변화가 미치는 영향이고, 다른 하나는 학교교육을 바람직한 방향으로 바꾸려는 사회 구성원들의 적극적 의지와 노력이다. 전자는 '외적 힘'이고 후자는 '내적 힘'이라고 말할 수 있다. 대표적인 '외적 힘'으로는 기술의 변화, 경제적 불평등, 직업세계의 변화, 다양성 증가, 대학 졸업장과 자격증 경쟁시대의 도래, 뉴미디어 세대의 뇌의 변화, 낙오세대의 출현 등을 꼽을 수 있을 것이다."

'2030년 미래사회와 학교교육의 변화'에 언급된 내용 중 흥미로운 것은 '뉴미디어 세대의 뇌의 변화'가 교육에 주는 시사점이다. 시사점의 내용을 간략히 소개하려고 한다.

"뉴미디어 세대는 새로운 뇌를 가진 신인류에 가깝다. 이들의 사고방식, 행동양식, 동기유발 방식, 삶의 방식은 기존의 기성세대와 매우 다르다. 뉴미디어 세대의 뇌는 충동성이 높고, 주의 집중시간(attention span)이 매우 짧으며 피드백이나 보상이 느린 것을 잘 참지 못한다. 개인의 집중시간 조사에서 1998년에는 12분, 2008년에는 5분, 2015년에는 8초로 짧아졌다는 최근의 보도(The Associated Press)는 가히 충격적이다. 이는 주위의 강도 높은 자극에 뇌가 적응한 탓이다. 이제 학습도 피드백이 빠르고 즉시 보상이 주어지는 게임의 원리를 적용해야 하는 시대를 맞았다. 수업도 초등학생은 약 10분, 중학생은 약 15분, 고등학생은 약 20분마다 수업의 모드를 바꾸어 주는 방식이 필요하다."

'2030년 미래사회와 학교교육의 변화'에 언급된 '뉴미디어 세대의 뇌의 변화'가 교육에 주는 시사점은 크다고 할 수 있다.

'뉴미디어 세대'는 요즘 흔히 말하는 MZ세대이다. MZ세대는 기존의 학교 교육에서 선호하던 50분 강의를 좋아하지 않는다. MZ세대는 틱톡이나 유튜브에 익숙한 세대여서 짧은 콘텐츠를 선호하기 때문에 학교 교육도 기존의 50분 강의보다는 15분 분량의 콘텐츠 3개로 나눠서 진행하는 것이 효과가 있을 것이라고 생각한다.

이러한 트렌드를 반영해서 요즘 강의 현장에서 사용되고 있는 강의 기법이 마이크로 러닝(Micro Learning)과 나노 러닝(Nano Learning)이다. 마이크로 러닝(Micro Learning)은 작은 단위의(Small Learning Unit), 짧은 길이의(Short-term), 한 번에 소화할 수 있는 (Digestible) 학습 콘텐츠나 학습 활동을 말한다. 단순히 나눠놓은 형태의 교육 콘텐츠가 아니라, 학습 목표 달성을 위해 작은 단위의 콘텐츠를 의미 있게 연결하는 혁신적 교육 방법이다.

마이크로 러닝은 디지털 환경의 모바일 중심 변화, 디지털 기기에 익숙한 MZ세대로 대표되는 학습자의 변화, 적응형 학습 및 소셜 러닝으로 대표되는 에듀테크의 발전에 긴밀하게 대처하는 혁신적 교육 시스템이다. 모바일에 적합하고, 개인화한 학습 환경을 지원할 수 있으며, 교육 과정 및 교육 내용 개발 및 학습 효율성을 강화하는 것이 장점이다.

나노 러닝(Nano Learning)은 특정한 학습 주제를 짧은 시간에 밀도 있게 전달하는 원격 교육 기법이다. 나노 러닝은 시간에 쫓기는 현대인들이 자투리 시간을 전략적으로 활용할 수 있게 도와주는 스마트한 학습 방법이다.

특히 요즘과 같이 코로나19 사태로 비대면 강의가 일상화된 시점에서 마이크로 러닝과 나노 러닝 강의 기법을 적용하면서 증강현실·거울세계·라이프로깅·가상세계 등 메타버스 플랫폼을 활용한다면 교육자나 학습자 모두가 Win - Win하는 교육이 진행될 수 있을 것으로 기대해 본다.

4. 박영섭의 금융사랑방버스 상담사례

　필자가 2012년 5월~2014년 3월까지 담당했던 금융사랑방버스 업무에 대해 간략히 소개하려고 한다.

　주요 내용은 금융사랑방버스 소개자료, 주요 상담 사례, 감사 편지 등이다.

　동 내용은 필자가 편집작업에 참여하여 2014년 6월에 발간된 '금융사랑방버스 안내책자'를 참고하였다.

발자취(화보)

금융사랑방버스의 발자취

2012. 6. 7 출범식 개최 및 전국 순회상담 개시

금융사랑방버스 모습

2012. 7. 11 육군 노도부대 방문상담

2013. 5. 23. 남구로역 새벽인력시장 방문상담

2013. 6. 11. 출범 1주년 기념식 개최 및
농업인 대상 금융상담

2013. 6. 29. 주말 안산시 다문화가족지원센터 방문상담

부록

2013.9.17. 추석 귀성객 대상 서울역 광장 방문상담

2013.9.29. 공휴일 혜화동 필리핀 이주촉시장 방문상담

2013.11.2. 주말 아산시 노인종합복지관 의료봉사 및 금융상담

2013.12.20. 양천구 택시업 종사자 방문상담

부록

금융사랑방버스
소 개

금융사랑방버스란?

금융감독원은 생계활동에 바쁜 소외지역 상당수 서민들이 상대적으로 금융정보에서 소외될 수 밖에 없었던 상황을 극복함은 물론, 바쁜 생계활동으로 일일이 각 기관을 방문하여 금융고충 상담을 받기가 어렵다는 점을 감안하여 신용회복위원회 등 서민금융기관과 같이 생업현장을 직접 찾아가 종합금융서비스를 제공하고자 '금융사랑방버스'를 2012년 6월 7일에 출범하였습니다.

* 편안하게 상담받을 수 있도록 중형 버스(34인승)를 상담 전용버스로 개조하여 상담테이블, 냉난방기, 무선인터넷, 복사기, 팩스, 교육물 영상기기(DVD, TV 등), 소형발전기 등을 설치

※ 실적 : '12. 6월~'14. 5월 기간중 총 296회 운행, 6,533명에게 금융상담서비스 제공

01 주요 서비스

금융민원상담 : 금감원의 은행ㆍ비은행, 보험, 증권분야 전문상담원이 현장에서 1대1로 대면상담하고, 현장에서 민원 접수

서민금융지원 : 신용회복위원회 등 서민금융기관 직원이 개인워크아웃, 고금리대출의 저금리전환대출, 햇살론 등에 대하여 맞춤형 상담 실시

| 서민금융기관별 주요 상담내용 |

기관명	상담 내용	기관명	상담 내용
신용회복위원회	– 개인워크아웃	농협중앙회	– 햇살론 등
한국자산관리공사	– 고금리 대출의 저금리로의 전환대출 등	대한법률구조공단	– 개인회생 및 파산제도
미소금융중앙재단	– 미소금융 등	신용보증재단중앙회	– 서민금융상품 대출보증
한국주택금융공사	– 전월세자금 대출보증	한국대부금융협회	– 사금융피해 상담
은행권	– 새희망홀씨 등	한국이지론	– 환승론, 맞춤대출 안내

불법금융거래 피해접수 : 고금리사채피해, 불법채권추심, 대출사기, 불법대출
중개수수료, 보이스피싱 등에 관한 금융피해신고를
현장에서 직접 접수

금　융　교　육 : 지자체 등에서 요청할 경우 금융상담과 함께 금융
교육을 병행 실시

금융사랑방버스 주요 방문지

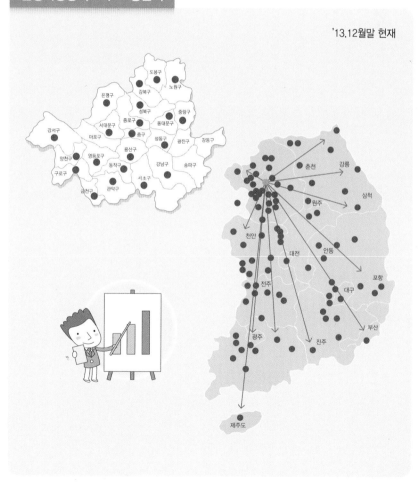

'13.12월말 현재

주요 상담 사례

새희망홀씨 대출을 받아 고금리 부담을 경감한 사례

 '13.10.23. 서울시 영등포구청에서 금융사랑방버스 상담행사시 연소득 36백만원의 적은 소득으로 6인 가족을 부양하며 커피전문점 종업원으로 일하고 있는 유모(40대, 여)씨는 7년전 부친의 사업부도로 진 많은 빚으로 빚독촉에 시달리고 있었습니다.

 신청인은 우선적으로 월급의 대부분을 부친이 사용했던 대부업체 고금리 대출금을 성실히 상환하여 오고 있었으나 아직도 카드사로부터 빌린 대출금이 약 10백만원정도 남아 있는 상태였고, 언니의 수술비 마련을 위하여 불가피하게 카드사로부터 6백만원을 추가로 대출 받는 등 어려운 상황이 었습니다.

 신청인의 월수입 3백만원으로는 카드론(연금리 16~19%) 16백만원에 대한 매월 원리금 160만원을 상환하면 생활비가 턱없이 부족하게 되어 고금리의 현금서비스를 받아 어렵게 살아가고 있던 중 영등포구청 앞에서 행사중인 금융사랑방버스를 찾아 금융고충을 호소하였습니다.

 금융사랑방버스 상담원은 고금리의 카드론 대출을 낮은 금리의 대출로 전환받을 것을 권유하면서 한국자산관리공사에서 취급하는 바꿔드림론을 검토하였으나 신청인이 이용하고 있는 카드론 금리가 연 16~19% 수준으로 연금리 20%이상의 고금리 대출만을 저금리 대출로 전환해 주는 바꿔드림론 자격에 해당되지 않아, 대안으로 은행권에서 취급하는 새희망홀씨 대출 제도를 검토 한 바, 신청인은 신용등급이 5~10등급이며 연소득 40백만원 이하인 경우로서 고금리 새희망홀씨 대출자격 조건에 해당되어 새희망홀씨 대출을 받아 기존 고금리인 카드론 대출금을 조기상환할 것을 권유하였습니다.

신청인은 이후 은행권에서 새희망홀씨 대출 16백만원을 금리 8%, 5년간 원리금분할 상환 조건으로 대출받아 기존 카드론 대출금 16백만원을 모두 상환함으로써 월 상환부담액 160만원을 30만원으로 줄일 수 있어 경제적인 혜택을 볼 수 있었습니다.

> * **바꿔드림론**
> 신용도가 낮은 서민이 대부업체 또는 캐피탈사 등에서 대출받은 연금리 20% 이상의 고금리대출을 신용회복기금의 보증을 통해 은행의 저금리대출로 바꾸어 주는 서민금융지원제도
>
> * **새희망홀씨 대출**
> 소득이 적거나 신용이 낮아 은행에서 대출받기 어려웠던 계층을 위해 별도의 심사기준을 마련하여 대출해 주는 은행의 서민맞춤형 대출상품. 연소득 30백만원 이하이거나 신용등급 5~10등급이면서 연소득 40백만원 이하인 사람이면 최대 20백만원까지 대출해주는 서민금융지원 상품

02 휴면보험금 17백만원을 환급받은 사례

신청인 김모씨(60대, 남)는 기초생활수급자로 '13.11.12 영등포 쪽방촌에서 열린 금융사랑방버스 상담행사장을 찾아와 오래전에 체결한 보험계약과 관련하여 중간에 보험료 미납으로 실효된 적이 있는데 동 보험에 대한 해약환급금을 찾고자 보험회사에 문의하니 누군가가 보험계약을 해지하여 해약환급금을 이미 찾아간 것으로 확인된다고 안내 받았다며 이에 대한 사실관계를 확인하여 줄 것을 상담원에게 요청하였습니다.

금융사랑방버스 상담원은 현장에서 바로 해당 보험회사에 신청인의 보험계약 체결, 보험료 납입사항, 보험계약해지 여부 등 계약상태 전반을 조회해 보았으며, 동 보험계약이 신청인을 계약자로 하여 1999년에

월납보험료 15만원, 납입기간 10년으로 계약 체결되어 보험료 90여회가 납부되다 보험료 미납으로 실효처리되어 해약환급금 17백만원이 휴면보험금으로 관리되어 온 사실을 확인하였습니다.

이에 상담원은 신청인에게 해약환급금을 찾아갔다는 보험회사의 안내는 잘못된 내용이었음을 확인하여 주었고, 신청인은 휴면보험금으로 관리하여 오던 해약환급금 17백만원을 전액 돌려 받을 수 있게 되었습니다.

03 프리워크아웃제도로 단기대출을 장기로 전환한 사례

'13.9.12. 서울시 소재 동서울터미널에서 금융사랑방버스 상담행사시 ○○고속 직원인 탁모씨(50대, 남)는 카드사 등 금융기관으로부터 총 39백만원의 대출을 받아 원리금을 상환하여 오던 중 최근 경제적 상황이 좋지 않아 원리금 상환을 1개월 연체하게 되었다며, 대출원리금을 장기로 분할 상환할 수 있는 방법에 대하여 상담요청을 하였습니다.

금융사랑방버스 상담원은 신청인에게 장기 연체자로의 전락을 방지하기 위하여 단기연체(30일 초과 90일 미만) 중인 채무자를 대상으로 상환기간 연장, 이자율 조정, 연체이자 감면 등의 채무조정을 지원하는 신용회복위원회의 프리워크아웃제도를 이용해 볼 것을 권유하였습니다.

이후 신청인은 신용회복위원회를 방문하여 프리워크아웃을 지원하여 동 대출관련 연체이자를 전액 감면 받았으며, 총 대출금 39백만원을 10년간 분할 상환할 수 있게 되었습니다.

04 국민행복기금제도로 채무조정을 받은 사례

'13.9.25. 강원도 평창 소재 평창올림픽시장에서 금융사랑방버스 상담행사시 농업인 엄모씨(50대, 남)는 농협, 축협 등의 금융기관으로부터 빌린 대출금 83백만원에 대하여 원리금 상환을 매우 오랜 기간 못하고 있다하면서 이에 대한 금융고충을 해결하여 줄 것을 요청하였습니다.

금융사랑방버스 상담원은 신청인의 채무상태를 확인한 결과, 한국자산관리공사가 취급하는 국민행복기금을 통한 채무조정 요건인 1억원 이하의 신용대출을 받고 '13.2월말 현재 6개월 이상 연체상태에 해당됨을 확인 하고 신청인에게 한국자산관리공사의 국민행복기금을 통한 채무조정을 신청해보도록 권유하였습니다.

이에 신청인은 '14.1.17. 한국자산 관리공사와 채무조정약정을 체결하여 연체이자 전액 및 농협 대출금(11백만원) 50%를 감면받고 나머지 대출잔액은 10년 분할 상환할 수 있게 되었습니다.

* 국민행복기금을 통한 채무조정

  금융회사·등록대부업체 중 국민행복기금의 신용회복지원협약에 가입된 기관에서, 1억원 이하의 신용대출을 받고 '13. 2월말 현재 6개월 이상 연체가 진행중인 경우 채무자의 신청 또는 동의에 따라 채무조정 실시.

* 국민행복기금을 통한 개별적인 채무조정 신청접수는 '13.10.31.자로 종료됨
* 한국자산관리공사 서민금융 통합콜센터 상담전화번호 1397
* 국민행복기금 홈페이지 www.happyfund.or.kr

05 햇살론 제도로 대출지원 및 대출전환을 받은 사례

'13.10.15. 경기도 파주 운정신도시에서 금융사랑방버스 상담행사시 4인 가족의 가장이며 전자상거래업(쇼핑몰)을 시작한지 3개월 남짓되는 사업가 이모씨(30대, 남)는 사업 초기에 물품구입을 위한 자금으로 5곳의 금융기관 으로부터 약 90백만원의 신용대출을 받은 상황에서 인건비 등 운전자금 목적 으로 추가 대출을 받고자 하였으나, 기존 대출금액 및 건수가 많고 신용등급이 낮다며 대출을 거절당하고 있다며, 이를 해결해 줄 것을 요청하였습니다.

또한, 신청인은 기존 대출이 고금리 대출로 매월 120만원씩 상환하고 있어 경제적으로 상당히 어려우므로 고금리 대출을 저금리 대출로 전환할 방법이 없는지 문의하였습니다.

금융사랑방버스 상담원은 신청인의 소득수준과 신용등급을 확인한 결과, 제2금융권에서 취급하는 햇살론 이용자격 요건인 연간소득 40백만원 이하며  신용등급 6등급 이하에 해당되어 운전자금으로 최고 20백만원까지 대출 받을 수 있음을 안내하였으며, 저금리로의 대출 전환은 최근 3개월 이내에

연 20%이상의 고금리 대출이나 현금서비스를 받지 않았을 경우 햇살론 전환대출이 가능함을 안내하였습니다.

이후 신청인은 단위농협에 햇살론을 신청하여 운전자금으로 연 7.94%의 금리로 10백만원을 대출을 받았습니다. 그러나 전환대출의 경우, 대출신청 1주일 전에 현금서비스를 받은 사실이 확인되어 3개월이 지난시점에서 다시 신청하여 해결 받기로 하였습니다.

* 신용보증재단 중앙회 상담 전화번호 1588-7365
홈페이지 www. sunshineloan.or.kr

06 개인워크아웃제도로 대출금 및 이자를 감면받은 사례

'13.9.9. 경기도 평택시에서 금융사랑방버스 상담행사시 음식점 종업원으로 일하는 신모씨(60대, 여)는 생활비가 부족하여 카드 3장으로 돌려막기 하다가 결국 원리금 상환을 연체하고 있었습니다. 신모씨의 아들은 한달 전 제약 회사에 취업하여 신입직원 연수를 받고 있었으나 취업 준비중에 저축은행 으로부터 받은 대출금 상환 연체로 인해 채무불이행자로 등록되어 인사발령이 어렵다는 사실을 통보받는 등 가족이 모두 어려운 상황에 처해 있음을 호소 하였습니다.

금융사랑방버스 상담원은 신청인에게 신용회복 위원회가 운영하는 개인워크아웃제도 이용시 원금 및 이자(연체이자포함)가 감면되며, 소득 수준에 맞게 원리금을 장기간 분할 상환할 수 있음을 안내하였습니다.

이후 신청인은 신용회복위원회에 개인워크 아웃을 신청하여 연체이자 및 이자 300만원을 우선 면제받고 원금도 60%를 감면 받았으며, 신청인의 아들도 1,050만원을 8년간 분할 상환하도록 채무조정됨으로써 정상적인 회사생활을 할 수 있게 되었습니다.

* **개인워크아웃**
  금융회사의 자율협약인 "신용회복지원협약"에 따라 금융채무를 정상적으로 상환할 수 없는 채무자(총채무액이 5억원 이하이고 연체기간이 3개월 이상인 채무자로서 최저생계비 이상의 소득이 있는 자)를 대상으로 본인의 상환능력에 맞게 채무를 조정하는 절차
* **신용회복위원회** 상담 전화번호 1600-5500, 홈페이지 www.ccrs.or.kr

07 미소금융제도로 창업자금을 지원받은 사례

'12.7.6. 경북 대구시 소재 왜관시장에서 금융사랑방버스 상담행사시 가정 주부였던 신청인 이모씨(40대, 여)는 남편의 사업부도 이후 생계유지를 위하여 케익과 쿠키를 구워 지인들에게 판매하고 있었고, 과자의 독특한 맛과 모양으로 지인들의 판매주문이 늘어나면서 과자가게를 창업해야겠다는 마음을 먹게 되었습니다. 그러나 신청인은 창업 자본금이 전혀 없어서 여러 금융기관과 소상공인 지원센터 등에 대출 신청을 하였지만 번번히 거절 당하였습니다.

그러던 어느날 쿠키를 배달할 때 "신용등급이 낮아 제도권 금융기관 이용이 어려운 분들에게 창업운전 자금을 무담보 무보증으로 소액대출 해준다"는 금융사랑방버스 상담용 전단지를 보고 혹시나 하는 마음에 금융사랑방버스를 찾아 상담하게 되었습니다.

금융사랑방버스 상담원은 제도권 금융회사 이용이 곤란한 금융소외계층을 대상으로 창업, 운영자금 등 자활자금을 무담보, 무보증으로 지원하는 미소금융중앙재단의 미소금융제도를 이용하여 볼 것을 권유하였습니다.

이후 신청인은 미소금융재단 대구지부에 창업자금 대출을 신청하여 10백만원을 연 4.5% 금리로 대출받아 창업을 할 수 있게 되었습니다.

---

* **미소금융제도**

제도권 금융회사 이용이 곤란한 금융소외계층을 대상으로 창업, 운영자금 등 자활자금을 무담보, 무보증으로 지원하는 소액대출 사업에 대하여 사업운영자금 및 창업자금을 지원하는 제도로 신용등급 7등급이하의 저소득, 저신용층에게 해당하는 자에게 사업운영자금 2000만원, 창업자금 7000만원 연금리 4.5% 이내로 대출해 주는 제도

* **미소금융중앙재단** 상담 전화번호 1600-3500 홈페이지 www.mif.or.kr

---

08 고금리 대출을 저금리 대출로 전환받은 사례

1 시중은행의 사업지원대출 제도를 이용한 사례

【사례1】 '13.6.19. 강원도 태백시 장성동 일대에서 금융사랑방버스 상담 행사시 두부공장을 운영하는 채모씨(40대, 남)는 새마을금고에서 받은 대출금 70백만원(아파트 담보대출, 연금리 8% 초반)에 대한 이자가 현실적으로 감당하기 어렵다고 하면서 이를 감경할 방법을 호소하였습니다.

금융사랑방버스 상담원은 시중은행이 취급하고 있는 중소기업(개인사업자)의 원활한 사업자금을 지원하기 위해 개발된 일반자금대출을 신청해 볼 것을 권유하였습니다.

이후 신청인은 시중은행으로부터 아파트를 담보로 중소기업 지원용 일반자금 대출금(연 4%) 70백만원을 받아 새마을금고 대출금을 전액 상환함으로써 고금리대출금을 저금리 대출로 전환하였습니다.

【사례2】 '12.10.29 강원도 춘천시 금융사랑방버스 상담행사시 개인택시 기사인 이모씨(50대, 남)는 카드론 및 현금서비스 등 총 15백만원의 대출에 대한 고금리 이자를 낮은 금리의 대출로 전환할 방법을 문의하였습니다.

금융사랑방버스 상담원은 신청인이 받은 카드론 및 현금서비스는 이자율이 연 17%~18% 수준으로 연 20% 이상의 채무를 낮은 금리로 전환할 수 있는 햇살론 전환대출 요건에 해당되지 않으나, 신청인으로 하여금 시중은행을 방문하여 구체적인 금융거래 내역 등을 심사받아 대출상담 받을 것을 권유하였습니다.

이후 신청인은 시중은행을 찾아가 금융거래 및 신용도가 양호하므로 신용대출이 가능함을 안내 받고, 연금리 8.27%로 15백만원을 신용대출받아 기존의 고금리(연17%~18%)채무인 카드론 및 현금서비스 15백만원을 전액 상환하고 낮은 금리의 대출로 전환할 수 있게 되었습니다.

2 신용회복위원회의 소액금융지원제도를 이용한 사례

'12.9.27. 경북 문경읍에서 금융사랑방버스 상담행사시 아파트관리사무소 소장으로 재직중인 윤모씨(50대, 남)는 신용회복위원회의 개인워크아웃 제도를 이용하여 채무조정을 받고 나머지 채무를 성실히 상환하여 오던 중 갑작스런 건강악화로 인하여 수술을 받았으나 수술비 3백만원을 마련하지 못하여 대부업체로부터 고금리 대출을 받게 되었습니다.

금융사랑방버스 상담원은 신청인이 신용회복지원 확정 후 채무를 정상적으로 이행중인자(12회 이상 납입자)로 확인되어 긴급생활자금 용도로 대출가능한 소액금융지원(3~5백만원)제도를 이용하여 추가 대출이 가능함을 안내하였습니다.

이후 신청인은 신용회복위원회에 소액금융지원대출을 신청하여 3백만원을 대출 받게되었고, 대부업체로부터 받은 고금리 대출금 3백만원을 전액 상환하였습니다.

* 신용회복위원회 상담 전화번호 1600-5500 홈페이지 www.ccrs.or.kr

③ 한국자산관리공사의 바꿔드림론을 이용한 사례

'13.1.29. 충북 괴산군 일대에서 금융사랑방버스 상담행사시 주부인 조모씨(30대, 여)는 고금리(연 34%~ 39%)로 저축은행 및 대부업체 등에서 총 63백만원을 대출받아 정상적으로 1년 넘게 사용하고 있었으나, 금리 부담이 너무 커 낮은 금리의 대출상품으로 전환하고자 문의 하였습니다.

금융사랑방버스 상담원은 신청인에게 고금리의 대출(17%~18%)상품을 저금리로 전환할 수 있는 한국자산관리공사의 바꿔드림론에 대하여 상담받아 볼 것을 권유하였습니다.

이후 조모씨는 한국자산관리공사 지점에 바꿔드림론을 신청하여 연금리 10.5%로 63백만원을 대출받아 기존 연금리 34%의 고금리대출 1건, 39%의 대출 2건을 상환하여 기존 고금리대출을 저금리대출로 전환하였습니다.

* 바꿔드림론
  신용도가 낮은 서민이 대부업체 또는 캐피탈사 등에서 대출받은 연 금리 20% 이상의 고금리대출을 신용회복기금의 보증을 통해 은행의 저금리대출로 바꾸어 주는 서민금융지원제도.
  신청대상은 연 20% 이상의 채무를 6개월 이상 정상 상환중인 자 중 신용등급 6등급 이하(단, 연소득 40백만원 이하)이거나 연소득 26백만원 이하인 경우 8.5~12.5% 금리로 30백만원 한도에서 대출이 가능하며 5년이내 분할 상환하는 조건임

* 한국자산관리공사 상담 전화번호 국번없이 1397
  홈페이지 www.happyfund.or.kr

④ 시중은행의 임대주택 담보대출을 이용한 사례

'13.6.29. 경기도 안산시 소재 다문화가족지원센터에서 금융사랑방버스 상담행사시 다세대주택에 16백만원의 전세로 살아가고 있는 기초생활수급자 정모씨(40대, 여)가 전세자금 대출을 추가로 받을 방법이 없는지 문의하였습니다.

금융사랑방버스 상담원은 신청인의 현재 소득 및 재산상황을 고려하여 볼 때, 일반주택의 전세자금대출 가능성은 어려워 보이므로 임대주택을 청약하여

당첨될 경우, 당첨된 임대주택을 담보로 하여 대출을 받을 수 있다고 설명하였고, 한국토지주택공사에서 임대주택 청약신청 접수를 수시로 받고있으니 이를 참고토록 안내하였습니다.

　이후 신청인은 안산 신갈2지구 임대주택에 청약하여 당첨되어 동 임대주택을 담보로 우리은행에서 12백만원의 대출이 가능하다는 안내를 받았으며, 기존의 전세자금 16백만원과 우리은행 대출금 12백만원으로 당첨된 임대주택의 임차보증금 25백만원을 해결할 예정입니다.

* 임대주택 입주 가능시 생활보호대상자 증명서 및 5% 이상 납부한 임대차계약서를 지참하여 제1금융권은 농협, 우리은행, 국민은행, 제2금융권은 새마을금고, 신협 등에서 대출이 가능함

09　현장 민원접수로 금융고충을 해결한 사례

　'13.1.29. 서울시 성북구 소재 돈암제일시장에서 금융사랑방버스 상담행사시 김모씨(40대, 남)는 모저축은행이 본인과 이름이 동일한 금융채무불이행자의 신용정보를 본인의 신용정보로 잘못 등재함으로써 본인의 신용카드거래가 부당하게 정지되었으므로 이를 해결하여 줄 것을 요청하였습니다.

금융사랑방버스 상담원은 현장상담으로는 이를 해결하기 곤란하므로 민원사안으로 가접수한 후 금감원에 정식 민원으로 접수 처리하였습니다.

이후 금감원은 동 민원사안에 대하여 저축은행으로부터 관련자료 일체를 보고받아 심사한 결과, 저축은행 담당직원이 '13.1.10. 연체자들의 신용정보를 등록하는 과정에서 민원인의 이름과 동일한 채무자를 민원인으로 오인하여 잘못 등록하였음을 확인하여 저축은행에 민원인의 연체정보 등록을 취소하도록 하고, 카드사에는 민원인의 카드거래 정지를 해제하도록 조치를 하였습니다.

감사편지

익산 장신휴먼시아 상담행사 감사편지

안녕하세요?

익산 장신 휴먼시아2단지 박○○입니다.

금융정보가 부족하고 생계활동으로 바쁘신 서민들이 일일이 각 기관을 방문하여 금융상담을 받기가 어려운 점을 감안하여 금융사랑방 버스 박영섭님과 서민금융 유관기관 관계자님께 거듭 감사 드립니다.

또한 KR리조트 회원권 사기피해 건에 대한 변호사 상담도 이뤄져 많은 도움이 됐습니다.

하루동안 개인워크아웃, 햇살론 등 26건 금융종합서비스가 이뤄져서 많은 도움이 됐습니다.

앞으로도 금융사랑방 버스가 지속적으로 좀더 나은 서비스로 운영돼서 서민들에게 많은 도움이 됐으면 하는 바램입니다.

수고 많았습니다.

항상 건강하고 행복하고
가정의 평안하시길 기원합니다.

2013. 12. 2 박○○ 올림

금융감독원 관계자 여러분께.

안녕하세요. 저는 상대문에서 일하고 있는 50대 여성입니다. 작년 오전근무 끝마치고 퇴근하던중 금융감독원 사랑방버스를 우연히 보고 상담을 받았습니다. 저희같은 서민들이야 항상 생활자금 부족으로 걱정을 많이 하잖아요.

저는 열심히 일하여 빚없이 살았지만 아들 결혼자금을 보태기 위해 여기저기 돈을 알아보고 있었는데 떡을 맡고 계신 금융감독원 직원분이 상담을 받아볼것을 권유하셔서 한국이거추 에 상담사분께 상담을 받았어요. 나이도 많고 제가 청오였을 하는 일이어서 안절거리라 생각했는데 너무 친절하게 상담해주신 것도 고마운데 추가 상담으로 햇살까지 대출 받았습니다.

너무 감사드립니다. 상담을 받지 않았더면 사채를 썼을지도 모릅니다.

그대 상담하신 보다 고민하던 저에게 먼저 말을 걸어주신 금융감독원 직원분에게 다시한번 고맙다고 인사드리고 싶어요.

직장 동료들에게 자랑을 하니까 또 언제 오냐고 묻던데 계획이 없으심면 저희같은 서민들에게 미리 알려주세요.

감사합니다.

보내

KEUN YOUNG CO.

박영섭 주사님께
전달부탁드립니다.

받는사람
서울특별시 영등포구 여의대로 38
금융감독원 금융교육국
금융사랑방버스 담당자님 귀하

오산중앙전통시장 상담행사 사진

뜨겁게 살아가는 MZ세대를 위한
기성세대의 따뜻하고 현실적인 금융조언

권선복
(도서출판 행복에너지 대표이사)

MZ세대는 1980년대 초반~2000년대 초반에 태어난 밀레니얼 (Millennials)세대와 1990년대 중반~2010년 초반에 태어난 Z세대를 묶어서 통칭하는 표현입니다. 디지털 네트워크 세대, 개인주의 세대, 경험을 중시하는 세대 등의 특징과 함께 이들 세대를 정의하는 중요한 특징 중 하나는 경제적 자유에 대한 강력한 욕구입니다.

2008년 글로벌 금융위기 이후 사회에 진출하여 4차 산업혁명으로 인한 노동환경의 변화, 평생직장의 붕괴, 평균수명 연장으로 인한 미래 준비의 필요성 등을 강하게 인식하고 있는 MZ세대는 평생직장과 노동소득을 중시했던 기성세대와는 다르게 젊은 시절부터 재테크와 자산소득의 중요성을 인지하고 있으며, 4차 산업혁명의 시대에 걸맞은 다양한 방법으로 재테크에 도전하는 것이 자연스럽게 여겨지고 있습니다. 하지만 젊은 세대의 재테크가 큰 열풍을 일으키면서 준비되지 않은 사람들이 이러한 열풍을 따라 세심한 준비와 공부 없이 소위 '영끌투자' 등으로 큰 피해를 입는 경우역시 적지 않은 게 사실입니다.

이 책『금융전문가가 알려주는 MZ세대 재테크 전략』은 금융감독원에서 금융회사를 감독하면서 쌓은 경험으로 젊은 세대들이 경제적 자유를 누릴 수 있도록 조언하고 있는 박영섭 금융감독원 경영학박사의 MZ세대의 재테크 전략에 특화된 가이드북입니다.

이 책이 가장 강조하고 있는 '투자를 잘한다'는 것은 결국 '기본에 충실하다'라는 것입니다. 특히 박영섭 박사는 최근 '영끌'과 '빚투'로 불리는 소위 '끝장투자'가 MZ세대 사이에 만연하고 있는 현실에 우려를 표하며, 투자의 귀재 워런 버핏이 말한 '투자의 제1원칙은 돈을 잃지 않는 것'이라는 말을 인용합니다. 이를 기반으로 현재 MZ세대 사이에서 보이는 투자 열풍의 허와 실을 금융전문가의시선으로 냉정하고 현실적으로 분석하며, 충동적인 투자보다는 사회 현상을 읽는 투자, 기본에 충실한 투자를 어떻게 할 수 있는지현실적인 가이드를 제시합니다.

경제적 자유를 위해 뜨겁게 살아가고 있는 MZ세대가 이 책을통해 절대 무너지지 않는 경제적 자유라는 인생의 꿈을 이룩할 수있기를 소망합니다!

임원의 품격, 꿀팁 50가지

홍석환 지음 | 값 20,000원

31년여간을 대기업의 HR전문가로서 활동했으며 현재는 여러 기업들을 대상으로 인재 관리와 육성에 관한 전문 컨설팅을 진행하고 있는 홍석환 대표의 이 책은 은 기업에서 임원의 자리에 막 오르게 된 이들을 대상으로 회사 내 모두에게 '존경받는 임원'이 되기 위해 꼭 갖춰야 할 다섯 가지 능력과 50가지 실질적 가이드를 소개하고 있다.

주민자치 정비공

강광민 · 안광현 · 조승자 지음 | 값 22,000원

본서는 우리나라의 현실에 기반하여 어떻게 하면 긍정적이고 효율적인 주민자치를 할 수 있을지 가이드를 제시하고 있는 책이다. 주민자치의 의미와 현주소를 새롭게 환기하는 한편 보다 창의적이고 실용적인 주민자치를 위해 '정-비-공'의 세 가지 키워드에 주목하며 다각도로 주민자치에 관하여 분석하고 청사진을 제시하고 있다.

괜찮아 겁내지 마 널 지켜줄게

최재영 지음 | 값 20,000원

이 책은 '살아가기 위해서' 하루하루 이 악물고 떨쳐 일어나는 사람들을 그린 자화상이자, 이들을 따스하게 어루만지는 희망과 소통의 메시지를 담고 있다. 최재영 저자는 자신의 성취뿐만 아니라 살아오면서 겪은 고통스러운 이야기들 역시 담담하면서도 솔직하게 풀어내는 한편 평범하지만 최선을 다해 살아가고 있는 이들에게 가슴을 울리는 조언과 위로를 던진다.

영혼을 채우는 마음 한 그릇

정재원 지음 | 값 14,500원

이 책은 다양한 스트레스를 마주하는 현대인들에게 도움이 될 수 있는 '마음 돌아보기' 에세이집이다. 상처 입은 내면아이를 마주하고 감정을 정리하고 치유하는 방법을 따뜻한 조언으로 건네는 책은 각 장에 걸쳐 마음을 단련하고 보듬는 과정을 차례차례 들려주는 한편, 다양한 예시를 들며 우리의 일상생활과 밀접한 관련이 있는 환경과 주제들을 끌어와 이해하기 쉽고 공감이 가도록 이야기한다

구원 핸드북 코어

이수은, 이진우 지음 | 값 25,000원

이 책 『구원 핸드북 코어』는 코어선교회를 통해 봉사하고 있는 이수은 목사와 이진우 간사가 힘을 합쳐 성경의 핵심을 네 가지 큰 주제 아래 일목요연하게 정리한 '작은 성경' 목적의 핸드북이다. 책은 성경을 관통하는 네 가지의 주제를 통해 하나님의 창조와 사랑, 구원에 대해서 성경에 근거하여 설명해 주면서 교인으로 갖는 의문을 해결하고 믿음을 다질 수 있도록 돕는다.

'행복에너지'의 해피 대한민국 프로젝트!
〈모교 책 보내기 운동〉

"좋은 책을 읽는 것은 과거의 가장 뛰어난 사람들과 대화를 나누는 것과 같다." 철학자 데카르트의 말입니다. 빌 게이츠 회장은 "오늘의 나를 있게 한 것은 우리 마을 도서관이었다. 하버드대학 졸업장보다 소중한 것이 독서 하는 습관이다"라고 강조했습니다.

책은 풍요로운 인생을 위해 절대적으로 필요한 도구입니다. 특히 청소년기에 독서의 중요성은 아무리 강조해도 지나침이 없습니다. 하지만 우리나라 청소년들의 독서율은 부끄러운 수준입니다. 무엇보다도 읽을 책이 부족한 실정입니다. 많은 학교의 도서관이 가난해지고 있습니다. 학생들의 마음 또한 가난해진 상태입니다. 지금 학교 도서관에는 색이 바랜 오래된 책들이 쌓여 있습니다. 이런 책을 우리 학생들이 얼마나 읽고 싶어 할까요?

게임과 스마트폰에 중독된 초등과 중등학생들, 대학 입시 위주의 교육에서 수능에만 매달리는 고등학생들, 치열한 취업 준비에 매몰되어 책 읽을 시간조차 낼 수 없는 대학생들. 이런 상황에서도 학생들이 책을 읽고 꿈을 꾸고 도전할 수 있도록 책을 읽는 분위기를 조성해야 합니다. 학생들이 읽을 수 있는 좋은 책을 구비할 필요가 있습니다.

저희 도서출판 '행복에너지'에서는 베스트셀러와 각종 기관에서 우수도서로 선정된 도서를 중심으로 〈모교 책 보내기 운동〉을 전개하고 있습니다.

대한민국의 미래, 젊은 꿈나무들에게 좋은 책을 보내주십시오!

독자 여러분의 자랑스러운 모교에 보내진 한 권의 소중한 책은 학생들의 꿈과 마음을 더욱 풍요롭게 하는 촉매제가 될 것입니다.

책을 사랑하시는 독자 여러분의 많은 관심과 참여를 부탁드립니다.

도서출판 **행복에너지** 임직원 일동
문의 전화 010-3267-6277